The
Yellow River
Series

韩兰魁 主编

民乐卷

黄河大系

山东友谊出版社
·济南·

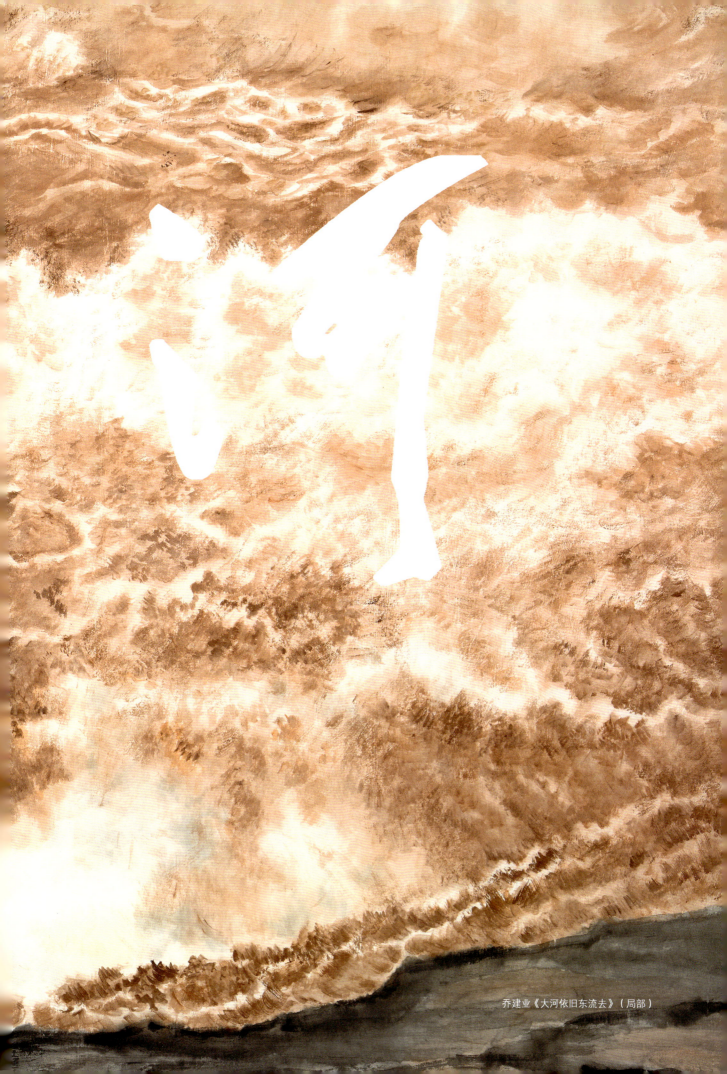

乔建业《大河依旧东流去》（局部）

图书在版编目（CIP）数据

黄河大系.民乐卷 / 韩兰魁主编. -- 济南：山东友谊出版社，2024.3
ISBN 978-7-5516-2954-6

Ⅰ.①黄…　Ⅱ.①韩…　Ⅲ.①黄河流域－民族音乐－音乐文化－研究　Ⅳ.①K292

中国国家版本馆CIP数据核字（2024）第039331号

统　　筹：何慧颖
责任编辑：杨筱雅　刘一凡
装帧设计：蔡立国　张　宜　刘一凡

黄河大系·民乐卷
HUANGHE DAXI·MINYUE JUAN

韩兰魁　主编

主管单位　山东出版传媒股份有限公司
出版发行　山东友谊出版社
出 版 人　何慧颖
社　　址　济南市英雄山路189号
邮　　编　250002
电　　话　出版管理部（0531）82098756
　　　　　发行综合部（0531）82705187
网　　址　www.sdyouyi.com.cn
印　　装　北京雅昌艺术印刷有限公司
经　　销　新华书店

规　　格　16开（210mm×285mm）
印　　张　21.5
插　　页　4
字　　数　370千字
版　　次　2024年3月第1版
印　　次　2024年3月第1次
ISBN 978-7-5516-2954-6
定　　价　358.00元
如有印装质量问题，请与出版社出版管理部联系调换。

《黄河大系》编纂指导委员会

主　　　　任　林　武　周乃翔　葛慧君　杨东奇

常务副主任　白玉刚

副　主　任　邓云锋

成　　　　员　袭艳春　程守田　刘金祥　白　皓　赵国卿　李世华

　　　　　　　何思清　刘为民　李　明　孙海生　李　峰　赵晓晖

　　　　　　　侯翠荣　黄红光　王　磊　马立新　袁红英　国承彦

　　　　　　　张志华　赵银亮

《黄河大系》学术顾问委员会

总　顾　问　葛剑雄

主　　　　任　（按姓氏笔画排序）

　　　　　　　王仁卿　方　辉　刘曦林　孙晓云　李令福

副　主　任　（按姓氏笔画排序）

　　　　　　　王　芬　王加华　刘方政　张　宜　陈孟继　孟鸿声

成　　　　员　（按姓氏笔画排序）

　　　　　　　王　砚　王　谦　王　强　王　蕙　王芸芸　王秀环

　　　　　　　仝晰纲　曲　刚　李振聚　何涵妃　陆青玉　陈培站

　　　　　　　郑立娟　郑培明　孟宪平　耿建华　高亚平　韩兰魁

《黄河大系》编辑出版委员会

总　序

　　"三万里河东入海，五千仞岳上摩天。"百万年如斯，奔腾不息的黄河之水滋润了中华大地，哺育了中华民族，孕育了中华文明。故《汉书》总结道："中国川原以百数……而河为宗。"

　　2019年9月18日，习近平总书记在河南郑州的黄河流域生态保护和高质量发展座谈会上提出，"黄河是中华民族的母亲河""保护黄河是事关中华民族伟大复兴的千秋大计"，要"保护传承弘扬黄河文化，让黄河成为造福人民的幸福河"。这不仅道出了黄河及黄河文化对中华民族生存发展的重大历史意义和现实意义，也表明党中央和习近平总书记对黄河及黄河文化的亲切关怀和高度重视。

　　水脉牵系着血脉、延续着文脉。黄河文化源远流长、一气呵成。从甘肃一带的大地湾文化，到中游的仰韶文化，再到下游的大汶口文化，黄河文化多元一体，正如波澜壮阔、绵延不绝的黄河之水，生动活泼，兼容并蓄，既丰富了黄土文明，又成就了中原文明、海岱文明，成为中华文明的主要表征和重要载体。从青海源头，到黄土高原，再到中原大地、华北平原，黄河文化跳跃跌宕，穿越时空，向光而生，气势如虹，"忽如一夜春风来，千树万树梨花开"，绽放出笃厚神圣、繁荣璀璨的文明之花。汉风唐韵，丝路华章，中华文明从这里出发，走向四面八方。

　　黄河文化催生的思想观念、道德情操、审美品格和科学智慧，蕴含着中华民族深沉的行为准则，对中国传统社会的政治范式、经济格局、文化理念、科技思维等方面有着深远影响。在不同族群和文化交流的灿烂星河中，黄河文化形成生生不息、开放包容的特质，反映在不同时期的典籍史料、艺术作品以及科技成果中，无不以物质形式或精神形式展现出来，并深深影响着人们的社会生活和精神建构。

黄河文化的形成、发展、传承，在不同流域、不同时代、不同族群形成了鲜明的特色，又反映了中华民族千百年来顺应自然、认识自然、改造自然、保护自然的共性过程和结晶，成为中华文明的组成部分和现代中华生态文明的源泉。

正因为黄河的赐予，我们才拥有了世世代代赖以生存的物质宝藏和精神家园；正因为黄河千回百转、勇往直前，我们的文化基因中才有了更加坚忍的品格、更加超凡的智慧、更加鲜明的特性；也正因为文化基因的坚忍、超凡、鲜明，中华民族才形成了熠熠生辉、博大精深的中华文明。

"黄河落天走东海，万里写入胸怀间。"党的十八大以来，习近平总书记立足"两个大局"，就文化建设提出了一系列新思想新观点新论断，形成了习近平文化思想。习近平总书记强调："中国文化源远流长，中华文明博大精深。只有全面深入了解中华文明的历史，才能更有效地推动中华优秀传统文化创造性转化、创新性发展，更有力地推进中国特色社会主义文化建设，建设中华民族现代文明。"

习近平总书记考察调研足迹遍及黄河上中下游九省（区），他将保护黄河作为事关中华民族伟大复兴的千秋大计，亲自擘画、亲自部署、亲自推动黄河流域生态保护和高质量发展，发出了为黄河永远造福中华民族而不懈奋斗的号召。沿黄河九省（区）牢记习近平总书记嘱托，全面加强生态保护治理，着力促进全流域高质量发展，大力保护传承弘扬黄河文化，努力"让黄河成为造福人民的幸福河"。习近平总书记在黄河流域生态保护和高质量发展座谈会上明确指出："黄河文化是中华文明的重要组成部分，是中华民族的根和魂。"在总书记心中，黄河早已同中华民族的苦难辉煌融合在了一起，锻炼出中华儿女的韧性、力量和精神，也为中华民族赓续发展注入不竭动力。

2022年10月28日，习近平总书记考察安阳殷墟遗址，遍览青铜器、玉器、甲骨文等出土文物，细察车马坑展厅商代畜力车实物标本和道路遗迹……总书记感慨道："我们的文化自信就是从真正能证明我们的久远历史中来……"

为深入研究阐释习近平文化思想的科学内涵，推进中华优秀传统文化"两创"工作，以黄钟大吕式作品书写新时代黄河精神，助力黄河文化保护传承弘扬，铸牢中华民族的根和魂，增强文化自信自立自强，建设中华民族现代文明，为中华民族伟大复兴提供强大精神动力，用黄河故事讲好中国故事，传播好中国声音，以高质量出版工程服务读者，奉献社会，山东省策划推出《黄河大系》，在中华文化保护传承弘扬的重要承载区建设方面走在前面并提供山东样板素材，同时，力争以黄河文明为抓手和突破口，在建设中华民族现代文明方面做一些探索。

《黄河大系》从沿黄河九省（区）所共有的文化特色着手，既有对黄河历史、文化、艺术的梳理，也有对民艺民俗及水利、生态等的呈现，既回望传统，又观照当下，多角度、广层次、图文并茂地展现黄河文化的内涵和魅力。

《黄河大系》包括《图录卷》《文物卷》《古城卷》《诗词卷》《书法卷》《绘画卷》《戏曲卷》《民乐卷》《民艺卷》《民俗卷》《水利卷》《生态卷》共十二卷，每卷或为一册，或分为两册、三册不等，整体规模为二十册，三百六十余万字，四千三百余幅图。这十二卷图书内容相辅相成，生动全面地展示出黄河作为中华文明摇篮的丰富多彩、万千气象。这十二卷图书内容不仅关注人类文明的既有辉煌，而且着眼人类文明新形态的创造：从《文物卷》探寻中华文明的源头；从《古城卷》《民乐卷》《民艺卷》探索人类文明成果的创造性转化和创新性发展，为文明的演进生发提供启迪；诗词、书法、绘画这些黄河文明固有的艺术成果形式，也终将如黄河之水内化为中华文明生生不息的天然动力，为推进人类文明新形态建设提供智慧源泉；《水利卷》和《生态卷》则重在探索共生文明，助力生态文明和人类命运共同体的构建……

"周虽旧邦，其命维新"。和合共生，自强不息。黄河，从中华民族厚重深远的精神河床流淌而来，正向着中华民族伟大复兴的波澜壮阔奔腾而去！

"江河之所以能冲开绝壁夺隘而出，是因其积聚了千里奔涌、万壑归流的洪荒伟力……现在，中国人民和中华民族在历史进程中积累的强大能量已经充分爆发出来了，为实现中华民族伟大复兴提供了势不可挡的磅礴力量。"

《黄河大系》的编纂出版是一项基础工程，是一个继往开来、努力探索的过程。我们将以出版《黄河大系》为契机，深入贯彻落实习近平文化思想，落实好习近平总书记在黄河流域生态保护和高质量发展座谈会上的重要讲话精神，立足黄河文明的深厚资源，发扬中华文明的自信自觉优势，为黄河流域生态保护和高质量发展蓄势赋能，为实现中华民族伟大复兴作出贡献。

序

万涓归流，大河始生。黄河，流经洪荒，穿越嵯峨，涵育辉煌文明和浩瀚生机，以宏大的生命力，奔涌成中华民族沸腾的热血。她是无数历史章节的缘起，更在时代演进中，激扬起崭新的澎湃律动。

万里流域与万古历史，造就的必然是"万种风情"。黄河上游地形落差大，河水奔泻于峡谷之间，景色瑰奇壮丽；到了中下游，又趋于舒缓开阔，芦荻连片，渔舟唱晚。不同的地理环境，带来不同的文化变奏。若将黄河比作音乐，其造化天成的缓急跌宕，如一曲旋律多变的交响乐，每一个乐句都讲述着故事，每一段乐章都歌颂着精神。

中华儿女在与黄河的共生中，积累下蔚为大观的民间音乐遗产。最早的乐声，是文明初绽的婴啼，远在《诗经》甚至语言文字诞生之前，就有嘹亮的劳动号子响彻于急流险滩，骨笛、陶埙的悠扬声音飘扬在渺远的时空中。礼乐文明亦出自黄河，悠悠钟磬奏出金声玉振，也塑造了中国人的人格规范与价值追求。九曲黄河两岸，有胡笳、马头琴、唢呐、钟鼓、古筝的奏鸣，还有月牙板和梆子敲击出的"弦外之音"……它们混合出纷繁的交响，共同彰显着黄河流域各民族的生命原力；而那些口口相传的民歌、说唱、戏曲，曾经长留于我们祖祖辈辈的视听记忆之中，流传至今，让人敬畏、尊重与热爱。

面对如此千汇万状的民乐艺术宝藏，我们在国家级"非遗"中挑选了27个比较有代表性的品种，沿着黄河流过的方向依次铺陈开来，试图从对黄河民乐的钩沉中，寻觅中华民族的文化脉络和精神寄托。同时，在有限的体量下力求做到兼收并蓄，故对黄河流域各民族的音乐都有所涉猎，并参照乔建中先生对民间音乐的界定，将歌唱、歌舞、说唱、器乐、戏曲等各种艺术类型尽可能都囊括进来。盖因为，我们不执着于做类别的细分，而更重视视野的宽度，让优秀的民乐声音传布得更远，是我们的初心和追求。

本卷的撰稿队伍由院校音乐专业教师、民俗文旅作家、民乐传承人以及文化媒体人等各个层面的作者组成，可谓群策群力，共同完成了这样一部风格独特、颇有意趣的著作。如果粗略地归纳起来，特点大约有这样几个方面：

首先，重视知识性与可读性的结合。与现实存在的历史遗迹不同，民乐无形无迹，很难通过文字准确描绘出来。为此，我们删繁就简，撷取各民乐品种中最鲜明的特色，用直白晓畅的语言，来叙述该项艺术的成因、沿革和风格，大部分文字是以散文化的笔调进行描摹刻画，再辅以直观的图片展示，以期让读者在轻松的阅读中，高效精准地领略到传统艺术的魅力。我们始终认为，学术性和可读性并非是对立的，专业术语也不应该成为阻挡大众阅读的高墙，优质阅读一定是作者和读者之间的双向奔赴。

其次，兼顾统一性与多元化。以一卷书的容量来呈现黄河流域的民乐全貌显然难以企及。各种品类间，有些的确存有千丝万缕的关联，但更多的是千差万别。如何在不同民乐中寻找出一些共性呢？经过反复探索，我们终究还是回归到"黄河"这个巨大的母体上。在书中，我们不拘泥于黄河各流域地理上的概念，而是从人文风物、艺术渊源、传承流脉的角度上宕开笔墨，让民乐汇流到斑斓多彩、宏阔包容的黄河文明底色中去。无论何种风格的民乐，最终都如百川汇流一样，成为泱泱黄河文明的一部分。当然，这只是整体思路上的架构，在具体篇章的创作及编辑中，我们充分展现了各个乐种的多元特色，重视挖掘其原汁原味的本体风格。

再者，提倡传统与当代的接续。讲述黄河民乐，免不了阐明其来龙去脉，陈说故事、做好"讲古"。但在呈现历史传统之余，我们也观照其在当下的传承状态和生存环境。毋庸讳言，很多民间艺术成为"非遗"项目后，并不意味着一战功成，恰恰是因为有着失传断档的风险而被保护起来。如本卷收录的许多地域特色鲜明的项目，时时面临着生存发展的危机。这些民乐品种想要继续发扬光大，还需顺应时代的变化，砥砺前行。但正如黄河之水生生不息，在文化"两创"的助推之下，很多黄河民乐已经找到了融古汇今的路径和场域，在现代媒体手段的编排、包装和宣推之下，新创举、新气象不断涌现，也不断夯实着黄河儿女内心的文化自信。

我们希望能以《黄河大系·民乐卷》这本雅俗共赏的书，为黄河民乐的发展尽一点绵薄之力。也期盼沿黄各民族的音乐华章，乘着黄河流域生态保护和高质量发展的春风，更加响亮，绵绵不绝。

编　者

2024年3月

目 录

第三章　金声玉振 / 195

第一章

天籁之音

措哇尕泽山顶的黄河源头纪念碑　视觉中国供图

青海湖畔风光　视觉中国供图

河湟花儿：

唱与天地的"大情歌"

有一滴水，从青海莽莽苍苍的雪原冰盖上被春天唤醒。它摆脱了晶体的状态，变得柔软而欢脱，如蹒跚学步的孩子一样有了前行的能力。它或许不知道，自己将就此穿过数千米的山峦，犁开上万里的大地，在抵达大海的旅程中，骄傲地滋养出累累硕果、芸芸众生和浩瀚文明。

这一滴一涓的水，是黄河初生的样子。由冰化水的那一声"滴答"，便是这大河的第一声呢喃。就像流淌在黄河源头的民歌"花儿"，记录着少年青春最初的悸动，第一声一定要唱给一见倾心的那个心上人听。

情思缱绻　付与一曲之间

天光与云水彼此托付，草原和牛羊互相依偎。青海高原之上，有着明净的苍穹，声声花儿在其间自由飘荡。花儿是广泛流行于青海、甘肃、宁夏和新疆等地区的一种民歌。根据流传地区，主要分为河湟花儿和洮岷花儿。河湟花儿，又称"少年"，是生活在西北地区汉族、回族、土族、撒拉族、保安族、裕固族、东乡族、藏族和蒙古族等众多民族共同用汉语演唱的民间歌曲形式。早期研究认为，"花儿""少年"是根据少男少女在情歌中对彼此的称呼而得名的。20世纪40年代，王洛宾先生改编的一曲青海民歌《花儿与少年》，也加深了外界的这一印象。

河湟花儿的唱词结构严谨、合仄押韵，极富诗歌的韵味，是西北民间口头文学的重要载体之一。其句式结构以四句体为典型形式，而"奇句奇字尾、偶句偶字尾"是河湟花儿歌词集地域性、独特性和歌谣性为一体的显著标志。如：

上去/高山/望平川，

平川里/有一朵/牡丹。

看去/容易/摘去难，

摘不到/手里/枉然。

其中第一和第三句是由"二、二、三"组成的三个音节构成的七字句，第二句和第四句是由"三、三、二"组成的三个音节构成的八字句。这与其他民歌风格迥异，自成一体。

河湟花儿的唱词中大量保留《诗经》遗风，古朴典雅、张弛有度。演唱起来抑扬顿挫、和谐统一。而更为难能可贵的是，它的旋律起伏跌宕、华彩而富于装饰，给人以高亢辽阔、苍凉凄美之感。它以浓郁的乡土气息和独特的表现方式，真实地再现了西北地区各族人民的生产生活、历史变迁、风俗习惯、宗教信仰、思想感情和审美心理等各个侧面，阐发着他们追求幸福生活的美好夙愿。

河湟花儿一般以衬词作为曲令的名称。衬词在歌词里没有实际意义，主要起到连接与过渡作用。如歌词中若以"大眼睛"为衬词，则这首歌就被命名为《大眼睛令》；以"水红花"为衬词，则曲令的名称就叫《水红花令》。也有根据河湟花儿流行的地区来命名的，如《马营令》，因其最早流行于青海民和马营乡而得名。还有的以曲调的演唱风格作为命名依据，如《直令》，是因曲调平直而得名。另有以不同职业命名的《脚户哥令》，以流行的主要民族而得名的《土族令》《撒拉令》《东乡令》《保安令》等。

河湟花儿，记录着这片高原剪不断、理还乱的情丝，是劳动人民描绘内心、抒发感情和表达美好夙愿的心灵自白。从前，花儿被视作"山野之歌"，不能在家中唱，因而摆脱了很多规矩的束缚，人们只把最纯粹的心事，唱与天地山河听。这里的人民，经历过灾难造成的流离失所，饱尝过生活的酸甜苦辣，体验过的爱情的甘甜欢愉，享受过幸福生活带来的美好惬

青海省互助土族自治县花儿会男女对歌场景　巩永乾摄

意。这些都为艺人们的歌曲创作提供了不竭的动力和源泉。

从内容题材上，河湟花儿可分为情歌、生活歌和本子歌三种类型。

情歌，是河湟花儿的主体，有着高超的艺术水平，富于充沛的激情和感染力。它集中了历代人民群众的才情智慧，是花儿最重要、最精彩、最丰富、最动人的部分。这类作品因为年代久远，在流传过程中经过众多传唱者的反复加工润色，千锤百炼，积累了极其丰富的题材，几乎涉及人们爱情的每个环节和许多细节：有表现对恋人的赞美、爱慕之情，有表现失恋时的哀怨之情，还有表现相思不得见的急迫心情等。歌词的内容也是细致入微、生动传神。这些情感有的真挚热烈，有的率性质朴，有的火辣直露，有的委婉含蓄，有的伤感哀怨，有的悲戚低沉。但它们的共同特点是，对爱情不做任何的掩饰，无半点虚情，是真正的直抒胸臆。这是河湟人民从心底里自然流淌出来的一股清泉，也是他们积极乐观、求真务实、顽强拼搏的人生观和世界观的外在表现。

佑宁寺花儿会全景图　张胜邦摄

生活歌，是河湟花儿对平凡生活的记录和礼赞。艺术源于生活而高于生活，河湟花儿的许多题材都和劳动人民的生产劳动和社会生活息息相关。有的反映农耕生活，也有的反映游牧生活；有的反映旧社会劳动人民受压迫的苦难生活，也有的歌颂新中国的人们的幸福生活。这些歌曲涉及农耕牧业、商业贸易、衣食住行、婚丧嫁娶、民情风俗的各个方面，但其实质都是通过歌唱和咏颂的形式，讴歌劳动人民勤劳勇敢、诚实善良、嫉恶如仇、刚毅果敢的精神品格。

本子歌，通常以讲唱历史人物、历史故事和神话传说为主要内容，也称"本子花儿""本事花儿""大传花儿"等。与情歌和生活歌相较，本子歌以篇幅庞大、故事情节连贯、富于叙事性为主要特征。对本子歌掌握的熟练程度，是衡量花儿歌手表演水平高低的重要标准。歌中的故事，主旨大多是以古喻今、借古抒情，从不同的侧面反映河湟民众丰富的精神生活和崇高的精神追求。这些故事经过岁月的磨砺更加历久弥新，成为河湟人民心中永恒不变的精神寄托，世代相传。

齐声共唱　各族相望美好

正如一支格桑花无法点亮整个草原一样，单单一种曲调也无法代表花儿的繁盛。河湟花儿，是各民族人民在不断融汇中，以心血共同浇灌出的硕果。

从语言文化形态上看，河湟花儿以汉语为主体，是对古代汉族诗歌的继承。河湟地区的汉族人是从西汉时期起通过各种形式不断地从内地迁徙而来的。西汉王朝为了巩固和开发疆域，长期实行军屯、民屯政策，大量人口迁入边疆。此外，内地贫苦农民也一批批地流亡至青海东部等地区，留居下来从事农业生产并建立家园，形成了西陲边境新的土著民族。

多民族长期共同生活，语言也出现了相互融合的状况。河湟花儿唱词运用河湟地区共同语言，而河湟地区的共同语言是在河湟汉语方言的基础上形成的。学者李文实在《"花儿"与〈诗经·国风〉》一文中提出，花儿完全继承了《诗经》赋、比、兴的创作手法，在用韵与节奏上，也与《诗经》相同或相近，这二者之间一定有密切的关联。

从历史渊源的角度看河湟花儿的起源，除了"《诗经》说"之外还有许多，比如"《阿干之歌》说""南北朝说""唐代说""宋代说""元代说""明代说"等等，但从文学的角度分析，许多专家认为河湟花儿是对古代汉族诗歌的继承与发展。理由是，河湟花儿中大量运用明清以来，甚至更古老的古代汉语词汇，如"顶缸""妄想""担惊""受活""下家""梢子""捻钻""热头""一挂""连盘""闪下"等。

如："尕锅儿洗净了水倒上，清清儿滚上些米汤；娘家里去了我不挡，找你着寻下个顶缸。"中的"顶缸"是古代汉语词汇，意思是"替代品"。

又如："土黄的骡子白鼻梁，红头绳绾下的项缰；上路的阿哥把路上，这塔没你的妄想。"这里的"妄想"，是古代汉语词汇，有"希望、期待"之意。

再如："青枝绿叶的红花儿，杆杆上长下的豆角；我这里想你着没法儿，你旁人俩坐了个受活。"中的"受活"，也是古代汉语中的词汇，是"舒服、舒坦"的意思。

从内容上加以考证，花儿中记录了大量的汉族故事及传说。这点在大传花儿中表现得尤为明显。河湟花儿从表达体系上可分为草花儿和大传花儿。草花儿指内容与爱情相关的花儿。而大传花儿则是以某一历史故事作为起兴，由若干个段落讲唱其主要情节的花儿。大传花儿的内容以汉族的四大名著、《封神演义》、《隋唐演义》、杨家将故事、薛家将故事、穆桂英故事、岳飞故事、孟姜女哭长城、梁山伯与祝英台、牛郎织女、《白蛇传》等历史小说和民间传说为蓝本。如表现《西游记》故事的大传花儿，就非常传神：

> 大红桌子上献轮柏，桌子是谁油下的？
> 你唱少年我明白，少年是谁留下的？
> 高高山上的水帘洞，孙悟空修仙着哩；
> 家没有妻来外没有人，阳世上挂着单哩。
> 西天取经是唐僧，通天河淌掉了真经；
> 留了少年的孙悟空，留在阳世上宽心。
> 西天有一个雷音寺，白龙马驮着经哩；
> 出门的阿哥想起你，记首儿（俩）宽心着哩。
> 唐僧要过个火焰山，白龙马出一身汗哩；
> 你坐的深门大宅院，有缘时多会儿见哩。

河湟花儿中还有大量直接与汉族历史事件相关的内容，如《汉武帝修起了西平亭》，这首花儿反映的是公元前127年至公元前119年汉武帝在河西、青海一带先后三次与匈奴进行战斗，击退匈奴后为巩固对河西一带的统治，相继设立河西四郡这一历史事件。再如《唐公主千里进了藏》反映的是公元640年，吐蕃王松赞干布派大相禄东赞前往长安请婚，求娶文成公主的历史事件。

河湟花儿中有着汉族民歌的"基音"。自西汉以来，中原的汉族人就以各种方式分期分批迁入河湟地区，产生了"南京珠玑巷说""南京大柳巷说"等花儿起源说。因此，河湟民间音乐受汉族文化的影响程度之深远是不言而喻的。罗成先生提出，大西北原生态花儿中的特征音Sol—La—Do—Re是在明朝苏北旧黄河口《赶鸭号子》《量斥号子》《出海号子》等劳动号子的基础上发展起来的。也就是说花儿曲调最早源自江苏，是明代时江浙一带的大量汉民西迁时带来了花儿的基音。Sol—La—Do—Re的四度音程框架，可以说是河湟花儿曲令的基

青海省大通回族土族自治县老爷山花儿会现场　陈跃生摄

本音调，许多曲令都是在此基础上发展而来的。

综上，河湟花儿是以汉语为主体的语言文化形态。无论从其歌词的句式结构、赋、比、兴的表现手法，古代汉语词汇的留存现象，还是其内容、题材等方面对汉族民间文学的借鉴，及其对江南汉族民歌"基音"的继承与发展，种种方面都充分说明了河湟花儿是汉族文化精华的集中呈现。

尽管以汉族语言文化为基调，但河湟花儿也涌动着其他民族的音乐特色，其中藏族、回族民间音乐的特征较为明显。

大量研究证明，河湟花儿与古代羌族音乐的存在密切关系。根据考古发现，早在青铜器时代后期，羌人就在甘肃、青海地区活动，新石器时代晚期的马家窑文化、齐家文化、辛店文化、卡约文化和诺木洪文化等不同文化类型都是羌人的文化遗存。据《文献通考》

记载，甘肃、青海一带"古西羌地，禹贡雍州之域，河湟日东壁三度。"西汉初，西羌的先令羌，分布在甘肃以西、青海东北一带，常入河湟，并拢金城、陇西等地。河湟地区的羌人首领无弋爱剑之孙卬大约在战国时期就迁入了雅隆河谷地区，与当地的土著民族合流，成为藏族先民的一个组成部分。

学者汪鸿明从青海省西宁市大通上孙家寨出土的舞蹈彩陶盆、《吕氏春秋·古乐篇》中的"昔葛天氏之乐，三人操牛尾，投足以歌八阕。"、《诗·大序》中关于音乐的起源、葛洪的《西晋杂记》、东汉蔡琰的《胡笳十八拍》和甘肃白马藏族的"池哥昼"等六个方面，证明了古代氐、羌等少数民族是花儿的创造者和传唱者。

甘肃著名的花儿学者郭正清认为："花儿起源于古羌人的牧歌，在今青海同德县发现距今5000年新石器时代的乐舞纹彩陶盆。盆上绘有古羌人载歌载舞的图像，其中有"四孔故本羌笛"这个伴奏乐器。这种乐器从远古时代遗留下来，至今还被临夏的各族青年作为花儿的伴奏乐器。羌笛在河州一带称作"咪咪"，因而花儿的《河州令》也被称作"咪咪调"。"咪咪调"从一个方面证明了羌人的音乐以高而长的音调为特色，这与花儿的音乐特征极为相似。

将直令歌《"花儿"本是心里话》和安多藏族民歌《要找个称心伴侣》进行对比分析可看出，河湟花儿与藏族民歌在音乐形态上有许多彼此相通和互相借鉴的元素。首先，从音调上分析，两者曲调都是高亢嘹亮、音域宽广。《"花儿"本是心里话》音域达到十一度，最高音在小字二组的♭B徵音；《要找个称心伴侣》音域达到十二度，最高音在小字二组的B羽音。第二，从节奏节拍上分析，《"花儿"本是心里话》是"四五、四四、四三"组成的变拍子，《要找个称心伴侣》节奏为散拍子。两者都具有节奏自由、灵活多变、气息悠长的特点，自由延长音使用较频繁。第三，从音乐结构上分析，两者都是引子与上下乐句组成的二句乐段。《"花儿"本是心里话》的曲体结构是"引子（1）+a（5）+b（7）"，《要找个称心伴侣》的曲体结构是"引子（1）+a（4）+a1（4）"。第四，两者的引子都采用了Re—Sol上行四度的西北民间音乐独特音调。从中不难看出，两者的关联很密切。

河湟地区的回族商人是花儿传播的有力推动者。我国著名地理学家袁复礼先生在北京大学的《歌谣周刊》第82期中，搜集整理了30首花儿，并进行了评价："'花儿'的散布很普遍，在东部的平凉、固原，西北部的凉州、甘州，都听过。由兰州至狄道。沿路所闻的尤多。此外，尚有西宁同河州商人，秦州、秦安的脚夫都会唱。"甘肃、青海的撒拉族、东乡族、保安族等穆斯林民族很擅长经商，而甘青地区又是丝绸之路的必经之地，回族商贾众多。因此对河湟花儿的传播贡献最大的莫过于回族。至今，河湟花儿不仅在甘青地区多民族中盛行，而且在宁夏、新疆等穆斯林民族中也广为流传。

气象高远　起伏间华彩照临

根据演唱风格和音乐表现手法的不同，河湟花儿一般分为高腔花儿、平腔花儿和矮腔花儿三种类型。

高腔花儿的旋律高低错落、极富动感、结构清晰，音域常在高音区或特高音区上下迂回，常用假嗓（民间称为"拉尖音"），因此有人把此种花儿称为尖音花儿，极富西北山歌高亢辽阔、苍凉凄美之感。如《河州大令——上去高山望平川》，整首歌曲旋律高亢、句幅宽广、气息悠远。其歌词结构是河湟花儿常见的四句式，音乐结构是上、下二句乐段，最高音可达到小字三组的Do，并且常有连续的音程跳进。节奏自由、悠长，演唱时对发音技巧和气息控制的要求较高，是高腔花儿的代表曲令。

平腔花儿的旋律较之高腔花儿显得平直、流畅，节奏节拍较为规整。演唱时主要采用真假声结合的方法，高音区用假声，中低音区用真声。因此要求歌者真假声转换自如，假声要清澈透明、音色纯美灵巧，真声要坚实有力、雄浑苍劲。著名的"花儿王"朱仲禄的真假声结合技巧就达到"浑然一体、登峰造极"的程度。这类花儿受汉族小调的影响较明显，其旋律大都柔美、轻快，音乐结构变化较为复杂，折射出河湟人民朴而不拙、率真而不失细腻的性格特征，这一类曲令主要有《老爷山令》《红花姐令》《尕玛姑令》等。

矮腔花儿的特点是音区一般在中、低音区，旋律委婉、深沉，强调低音效果，如《大眼睛令》《孟达令》《撒拉令》《清水令》等。演唱时用声带振动带动胸腔和口腔共鸣，声音浑厚饱满、感情亲切真挚，在汉族、回族、撒拉族和保安族花儿曲令中更为常见。

河湟花儿作为区域文化的重要组成部分，在强调文化认同的同时，接受不同文化的相互碰撞、选择、交融，最终达到共创和共享的目的。这种求同存异、兼容并蓄文化特质正是河湟花儿得以长久流传且被多个民族所青睐的根源之所在。河湟花儿既是甘青地区各民族共享

上去高山望平川

（河州令）（一）

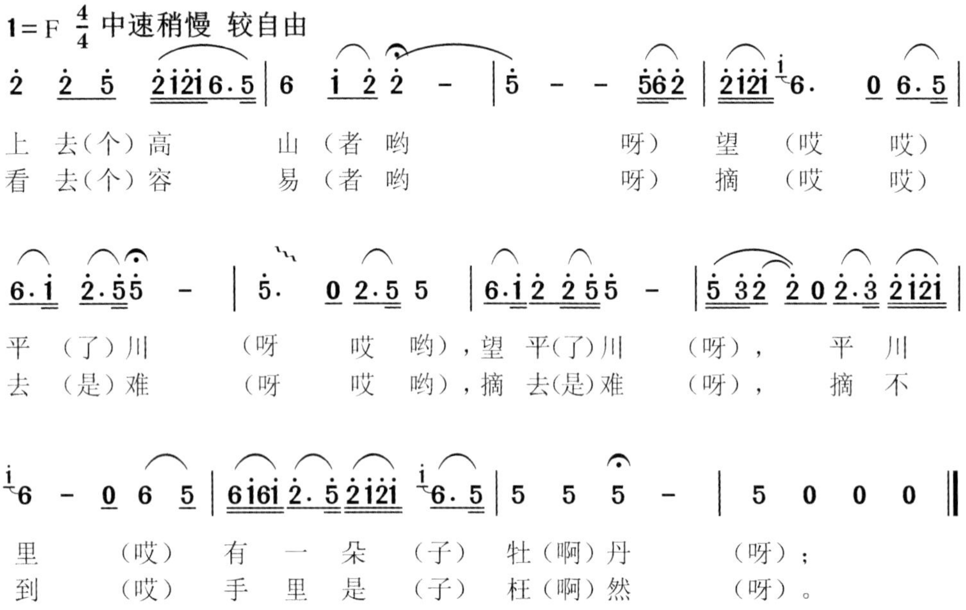

$1=F$ $\frac{4}{4}$ 中速稍慢 较自由

《河州大令——上去高山望平川》谱例

的精神财富，也是这片土地上各族人民互通有无、和睦相处的历史见证，更是构建和谐社会的重要纽带和载体。人与自然、人与人之间的和谐关系将是河湟花儿的永恒主题。

每年农历六月间，河湟地区的"花儿会"达到高潮。这项由古及今流传下来的民俗项目，是当地人最为隆重的集会之一。各族人民身着盛装，扶老携幼，聚在一起。在幕天席地的舞台上，人们纷纷放开自己或婉转或嘹亮的歌喉，无论是倾诉爱情，还是歌咏生活，都是由母亲河涵养出的最具有生命力的律动，总能让聆听者产生直抵心灵的强烈共鸣。

青年男女们身着民族服饰在原野上唱响花儿　巩永乾摄

青海果洛达日黄河谷地风光　视觉中国供图

黄河源头鄂陵湖景观　李新风摄

青海平弦：
刚柔交错总关情

如果将黄河之水比做人，那他在源头时一定是位勇毅的少年，在崇山峻岭中迈着跌宕豪放的步调，奋勇向东奔腾而去。与水的"顺流而下"相比，我们往往以"逆势向上"来赞扬人的韧劲。青海平弦，亦是如此。它悠悠转转地飘过地势的阻断，坚韧地于高原之上扎下根来。

融汇多种民乐元素的青海平弦，有着刚柔并济的风格。"刚柔交错，天文也；文明以止，人文也"（出自《易·贲卦·象传》），平弦之"平"，也恰恰契合了这一派中和之风。

青海亦可纳"百川"

右手握一根竹筷，左手拇指和食指拈起一只小小的瓷碟，再用食指和中指夹住另一根竹筷，轻轻敲击，清脆细碎的声音渐渐响起，再加上三弦、扬琴、板胡等乐器的迎合，艺人开腔了……

曾经，在西宁各处的茶馆里，总有这样的乐声飘出。整支乐队都端坐着，如环绕这座高原之城的大山大河一样，八风不动。花谢花开，春去春来，无数的曲子起起落落，犹如人间永不变的分分合合。

青海平弦，早年间被称作"西宁赋子"，在以西宁为中心的河湟一带名动一方。坊间以"西宁的赋子，兰州的鼓子"来形容其影响力之盛。从曲目与风格上看，青海平弦并非源自西宁，而是外来曲种与当地的方言相结合的产物。然而其究竟源出何处，却是只见雪泥鸿爪，各有头绪却无确凿定论。

平弦戏剧作家、研究家袁静波先生在其著作中提出，青海平弦是在清朝末期，由外地来到青海的官员、军人和商人所带来的乐曲——八角鼓牌子杂曲衍生而来的。八角鼓牌子杂曲发源自"岔曲"，而平弦"小点类"唱腔也有"岔曲""京岔"之名，因此证明两者之间确实存在着联系。

著名评论家任丽璋先生则认为，作为联曲体的青海平弦，与兰州鼓子以及河州平弦有相似之处。大部分是在明清两代随江苏、浙江等地移民传入，在传入过程中与西北地区流传的民歌及戏曲曲调融合。青海省非遗保护专家谢承华先生也赞成青海平弦源自江南的说法，他从平弦"敲碟子"的演出方式切入，又从其表演方式与相近曲目的关系进行观察，得出结论：青海平弦是在扬州清曲的流播中，以南方"赋子（赞）"的流变曲调为基础，兼收并蓄了元、明南北散曲和各种小调、小曲，以及其他曲艺曲种的曲牌加以发展变化，在青海以西宁为中

八角鼓　中国工艺美术馆藏

心逐步形成的地方曲艺形式。形成年代最早在十八世纪末至十九世纪初，即1791—1820年，至今约有二百年历史。

地方史资深研究者王世哲先生则提出了青海平弦"南北兼容"的说法。他认为平弦曲调温柔典雅，应是明初至嘉靖、隆庆年间随江南移民传入。后来以八角鼓牌子杂曲为代表的北曲亦在青海流行，南北曲融合出了本地民歌小调、戏曲等元素，逐步形成了青海平弦独特的艺术风格。

这三种说法都有各自的依据，但由于关于青海平弦早期状况的权威文献很少，所以青海平弦的起源很难有确切定论。不管从哪个角度上看，有着"十八杂腔、二十四调"之称的青海平弦，展现了青海民乐"海纳百川"的包容气度。

目前发现的最早的平弦唱词抄本，来自清朝咸丰年间。早年的《太子游四门》《孔子拜师》《芈建游宫》等，都以赋子腔为主，这也是青海平弦最早被称作"西宁赋子"的原因。当然随着新唱腔的不断完善，其形式和内涵也日渐丰富。从配乐到曲目都有了新的发展，在表演方面也从当年的单纯坐唱，发展为更加多样的艺术形式。1954年，青海省民族歌舞剧团编写出版《青海平弦音乐》一书时，首次使用了"青海平弦"这一名称，得到了音乐界的普遍认同，也就沿用了下来。"平弦"之谓，根源其实是"赋子"节奏平缓的特色。

高原"雅乐"不寻常

与青海原生民间音乐的朴素直白不同，青海平弦的唱词比较雅致，以齐言韵文体为主，间或有杂言。语句整体上对仗工整，或者一韵到底，或者隔句押韵，自有规范。因此，青海平弦被誉为高原民乐中的"阳春白雪"。

从唱腔上，青海平弦大体可分为赋子腔、背工腔、杂腔、小点腔四大类。

赋子腔是传统平弦曲艺的主要曲调，其篇幅较长，以叙事为主。赋子开始之前会有一个"前岔"，通常是以第三人称的视角来介绍整部剧的梗概和背景，用以开启唱段。与之相对应的是赋子结束之后有的"后岔"，用于对剧情作总结提炼，比较精短。中间部分的赋子，内容一般是七字或十字构成的上下句，节奏平缓。长度为十几句到上百句不等，主要演唱一些情节比较曲折的历史故事，比如《桃园结义》《霸陵桥挑袍》等。

背工腔的篇幅较短，以抒情小段为主，其特色为字少腔多、语调多变。背工的唱词一般为三句的长短句体，唱腔为三句反复体结构。又有单背工、双背工、跺字背工、催句背工等不同变化，代表作有《四季景》《重台离别》《惠明下书》等。

杂腔的组合方式比较繁复，除了依然运用赋子、背工等说唱类曲调外，还吸收了【太平年】【大莲花】【银纽丝】等二十余首其他类型乐曲的曲调，其旋律性更强，风格上与歌曲演唱更为接近。主要作品有《伯牙抚琴》《水淹金山》《西湖相会》《张生跳墙》等。

小点腔又称"岔曲""京岔"。注重表现小事件和小心思，篇幅短小精悍，曲调活泼多样，有阳调、工字调、夸调、思凡调、正当韵、反当韵、一连三等诸多形式，其吸收了不少民间小调的特色，有"闹曲"之称。其中有不少展现男女爱情的作品，比如《送情郎》等。

背工腔、杂腔、小点腔三种唱腔，亦有前岔、后岔作为配合。

早期的平弦曲艺中主要以赋子腔和背工腔为主，大部分只用单弦伴奏，后来逐渐发展到小乐队伴奏。以独唱为主，偶尔也用对唱形式。平弦演唱整体讲究平稳婉转，但因为情节以及艺人嗓音的不同，也有"刚口""柔口"之分。

"刚口"是英雄人物的专属腔调，一般用真声演唱，风格顿挫铿锵，每个字都清晰有力，气概豪放。"柔口"则演绎悲伤凄凉的意境，用以抒发思念或者别离的情绪，多用装饰音修饰，唱法上轻柔哀婉、典雅秀美，在技巧上，波音、倚音和滑音都在不同情境下被频繁使用。

值得一提的是，青海平弦在演唱中有"帮腔"的传统，这是青海平弦曲艺表演中的一大突出特色。帮腔环节开始后，主唱会让伴奏者接唱，接唱内容多是一些评价性的唱词，以烘托整台演出的现场气氛。有些时候，帮腔者不仅仅是台上的演员，更多的是现场观众们。这种场面一般出现在杂腔的演唱中，杂腔的十几个曲牌都需要观众和音助力，当【大莲花】【凤阳歌】等段落进行到一定程度时，台上台下一片喧腾热闹。

经过不断的融合和发展，青海平弦在20世纪30年代开始进入繁荣期，涌现出一大批知名艺人。比如经商起家的李汉卿，曾经周游于陕西、甘肃、新疆等多地，精于三弦演奏，擅长演唱大段的赋子腔，风格恬淡安详，超然物外。在以他为主的一代艺人的探索下，平弦伴奏由三弦单奏转变为加入板胡、扬琴等乐器的乐队伴奏模式。与他同时代的李鹏、陈厚斋等艺人的演唱特色也是各有千秋。那时西宁的茶馆中，大多有平弦的调子萦绕，终日不散。

平弦花儿剧《绣河湟》剧照　青海省文化和旅游厅供图

"由曲到戏"开新篇

新中国成立后，文艺新风吹进传统艺术领域。20世纪50年代，在社会各界的助推以及演员自身的努力下，青海平弦由坐唱改为戏剧表演，从茶馆登上舞台的脚步不断加快。首先是青海省民族歌舞剧团尝试让平弦实现舞台化演出，但当时的表演形式仍以曲艺演唱为主。1958年，西宁市戏剧学校将平弦音乐按照戏曲中的生、旦、净、丑等角色性格进行了分类，结合教学需要，排出了《游园惊梦》《玉簪记》等古典戏并登台演出，使平弦"由曲转戏"具备了一定的基础。

1961年初，西宁市戏剧学校的两位主演李义安、徐帼强担纲主演，拍摄了戏剧电影《游园惊梦》选段，让平弦艺术开始了"触电"之旅。当时，青海省领导也期望在本地培育一个地方性剧种，各方达成共识后，1961年3月，青海省平弦实验剧团正式成立，这也标志着"青海平弦戏"这一新生戏曲品种的诞生。

平弦由曲到戏的转变，经历了多方面的调整。在唱腔结构上，打破了前岔、后岔的限制，去掉了偏重于说唱的第三视角旁白，注重从角色情感和剧情演进的角度编排结构。对平弦曲艺中原有的"苦音"唱法进行了创新，发展出了戏曲式的"花音"唱法，以增强唱腔表现力。在演唱以及配乐方面，吸收了本地的眉户、贤孝，外地的秦腔、京剧的精华。在念白方面，也从当地方言变为"西宁官话"。

在这个过程中，袁静波、秦印堂、周娟姑等平弦艺术家居功阙伟，他们从编剧、配乐到表演等方面，做出了很多创造性的革新。青海平弦戏在保留平弦各类曲调的精华的同时，渐渐融入板式结构，成为联曲和板腔相结合的综合性艺术。

在创作上，青海平弦戏也迎来了爆发期。先后改编、创作了《草原英雄小姐妹》《山村风雷》《半口袋洋芋》《柜台红花》《向阳川》《香罗帕》《樊江关》《王昭君》《断桥》等数十出剧作。其中由周娟姑编曲的《马五哥与尕豆妹》，曾在西北各地演出超百场，大受欢迎。

如今，历经了时代变迁的青海平弦戏，正在不断融入崭新的元素。近年来创编的主旋律歌剧《绣河湟》，赢得了外界的高度评价。

《绣河湟》讲述了河湟地区驻村"第一书记"夏兰，为了助力乡村振兴，利用当地的"青绣"这一非物质文化遗产项目，带领村中的绣娘们不断打破旧观念的束缚，闯过一个个难关，最终实现全村脱贫的感人故事。《绣河湟》在唱腔设计时充分考虑人物的个性特点，唱法不拘一格，比如在演绎"刺绣退货"这一段落时，运用了一字多音的拖腔，显得委婉悲戚，充分展现了人物因为壮志难酬而愤愤不平的遗憾心境。这台剧融汇了青海平弦音乐、花儿、秦腔、西北小调的各种旋律，搭配得当，引人入胜，是传统戏曲曲艺创新发展的成功尝试。

当然，始终坚守并植根于民间的青海平弦，依然面临着传承的危机和生存的挑战。2008年6月7日，经由青海省西宁市申报，"青海平弦"被列入第二批国家级非物质文化遗产名录，这给青海平弦的进一步发展带来了利好。青海曲艺界正在借助各种资源提升青海平弦在艺术表演、内容创作等方面的综合实力，以实现青海平弦"四大腔体"齐头并进的局面。

一弦一声总关情。希望萦绕于长云雪山之下的青海平弦，能够继续悠扬地传唱下去。

三江源国家公园冬格措纳湖　视觉中国供图

玛多星宿海　视觉中国供图

藏族民歌:

云逸天外　风行山中

黄河之水天上来。

青藏高原之上,巴颜喀拉山的冰雪融水慢慢在山下狭长的盆地里汇集,形成了一个海子密布的浅湖区——星宿海。之后,河水注入扎陵、鄂陵两座大湖中沉积蓄势,在阿尼玛卿山和巴颜喀拉山的高原峡谷中纵横奔突,又在川西北遽然转向,折向北去。一路山峦密布、河谷交错,造就了黄河上游壮阔的风景,也涵养了这里丰富的文化。

曾是丝绸之路河南道、茶马古道、藏羌彝走廊的川西高原,见证着各民族不断在此融合发展,也成为民间艺术争奇斗妍的原生地。回响在青海南部、四川西北、甘肃南部一带的藏族民歌,以天风江流为和韵,无拘无束地弥漫于广袤天地之间,充满生命张力和野逸之美。

川西藏族山歌,高原之上的生活情思

"万事万物皆有灵性,烟云相连在高原之上,大地赐予我们珍贵的青稞,让生命充满了阳光……"

这首《打麦歌》是川西藏族山歌的代表作品,流传于阿坝藏族羌族自治州的马尔康市、阿坝县、小金县一带，本来是藏族同胞们在收青稞时，为了缓解劳累和枯燥而吟唱的。劳动间隙，大家会席地围坐，倾听一段独唱或者对唱，情到深处所有人都会随着一同齐唱起来。

藏族人似乎人人都是歌手，所以藏地也称得上处处都是舞台。这里的人们有着傲人的先天禀赋，嘹亮的山歌只要唱起来，无需任何伴奏便可声动九霄。也无需华美的布景，天地便是最壮阔的舞台，山川河谷、草原牲畜都是安静的听众。

川西的藏族有着很多不同的分支。比如北部靠近青海、甘肃等地的，是擅长在马背上驰骋的安多藏族；西部接近于藏边地区的，是英武豪放的康巴藏族；此外还有以农牧为主业的嘉绒藏族。在他们所使用的不同方言中，对"山歌"的称谓也有所不同，安多地区称为"勒"，康巴地区称为"鲁"，其歌唱方式也有一定的区别。但大家共同的喜好，是在劳作生活之余以歌遣兴。犁地歌、放牧歌、挤奶歌、挖土歌、打墙歌、打阿嘎……无论是康巴的牧区山歌、安多的草地山歌，还是嘉绒的农区山歌，都抒发着人们对故乡的深情感恩，以及对美好生活的热烈憧憬。

四川阿坝马尔锅庄的居民们展示民族歌舞　刘国兴摄

除了上述种种较为原始的"劳动歌曲"以外，山歌还广泛地出现在社交、传情和各类庆典仪式中。像大家耳熟能详的《卓玛》，便是一首向美丽的姑娘卓玛倾诉爱慕之心的情歌；在碰上乔迁之喜或者宴会聚餐的时候，人们还会演唱《新房歌》《迎宾歌》《敬酒歌》等。不过到了此时，山歌已经不仅仅是开嗓清唱这么简单了，常常要跟乐器和舞蹈配合起来，营造欢快热闹的集体氛围。

　　川西藏族山歌有着久远的历史和漫长的传承。有研究显示，早在4000多年前，雅鲁藏布江地区就有藏族先民繁衍生息。在原始的劳动和生活中，就种下了山歌萌发的种子。很多经典的历史传奇，都是通过山歌传唱的形式记录延续下来的。

　　曾经，"对山歌"是藏族各村庄部落之间最受欢迎的一项娱乐活动。大家相逢欢饮之余，便开始以山歌对唱来比定胜负。可以是男女之间对歌，也可以以家族甚至以村庄为单位进行对歌。大家靠应变能力和艺术储备，来决出更具才情的一方。哪方对得巧妙、唱得动人，并最终赢下对歌，被视作文化涵养高的表现。因此，大家都非常重视这项比赛，如果双方实力旗鼓相当，甚至都要彻夜不眠地"对"到底，一定要决出高下才罢休。虽然时至今日，这样

四川阿坝的大草原上，红原县玛萨呈祥弹唱队的艺术家们手握"龙头琴"，弹唱着藏族民歌　中新社记者　张浪摄

身着传统服饰的康巴汉子　中新社记者　刘忠俊摄

降巴其扎演唱川西藏族民歌　来自央视网

的场面已经不太多见，但山歌的重要性，从这些旧掌故中总能窥见一斑。

川西藏族山歌是即兴编创、口头流传的，大部分并无固定的成文唱词。这种特点导致其在漫长的发展历程中，很难梳理出一个清晰的脉络。对于历史进程中那些惊鸿一现的经典唱段，如今已是难觅其踪。但好处是，这种随意即兴的创作形式使藏族山歌的普及性大大增强，尤其对于艺术天赋极高的藏族人民来说，唱几曲山歌几乎是信手拈来的事情。因为，这是早已融入他们血液里的韵律，每一声曲调中都带着高原之上独有的生活情思。

康巴昂叠，云天之外的流响

甘孜藏族自治州炉霍县，古称"霍尔章古"，意思是"岩石之上的部落"。这里曾经诞生了古霍尔文明，一度成为茶马古道上的重镇。闻名遐迩的喀瓦拉翁神山，就坐落在这里。神采奕奕、容貌英伟的康巴汉子，在这片雄奇辽阔的天地间，驰骋了千百年。而此处，也是川西藏族山歌的重要发祥地，被誉为"中国民间文化艺术之乡"。每年举行的望果节、炉霍山歌节、宗塔赛马节等民俗活动，让炉霍山歌响彻四方。

降巴其扎，是川西藏族民歌国家级非物质文化遗产代表性传承人。在炉霍，他已经从事民歌传承事业50余年。也许是因为年龄和阅历的关系，降巴其扎的歌声，以平缓朴素见长，听起来如同翻阅一本经典老书的页张，不紧不慢中透着一种洞明世事的智慧。

其实，炉霍的藏族山歌有着多重的样貌。这里的歌手从不拘泥于任何条件的限制，喜欢随兴而歌，"不配乐器不搭台，敞开喉咙唱起来"。歌词的意境也十分贴近生活，大多数是白话俗话、方言俚语。所追求的，就是一种无拘无束、自由洒脱的味道。其节奏也非常自由，旋律结构上采用分节歌的形式，上下两个乐句或两到三个乐句构成一个乐段，在演唱中会把第二乐句持续重复，以反复咏叹的方式来增强情感表达的力度。常见的调式为羽、商、徵调式，旋律为五声音阶，音域非常宽广，音程前后起伏很大，整体旋律优美跌宕，被外界赞美为有"云的飘逸，风的潇洒"。

由于炉霍山歌旋律多变，且多有高妙繁复之处，故被称为"康巴昂叠"或"康巴昂任"，意思是康巴长调。按照技巧和表现力的不同区分，"华彩性昂叠"负责情感高潮的营造，一出口便如平静的湖面上水开波裂，或如一道曲径隐入青山之中，在动静长短的对比之间，留给人无穷的想象空间。而"连续式昂叠"则以轻巧干脆见长，仿佛雨水洒在水面上，或如落叶在小径上翻飞起舞，使观众心里的节拍也跟着紧了起来。另外，演唱高手还会别出心裁地加一些装饰音来丰富节奏的变化。

除了一些情节和旋律相对平缓的叙事性民歌之外，即便是再短的段落，每一位歌者都可能给予其不同的诠释。这种曲无定法、随遇而安的宽泛命题方式，也让那些各怀绝活儿的歌者拥有了展示自身魅力的进退余地。因此，任何一个优秀的藏族歌者，绝不会将嗓音作为唯一的资本，更多的是基于自身条件对民歌作品进行思考、创新和变化，使其成为自己独特艺术风格的一部分。

古人曾说"夫音律所始，本于人声者也"。抛却生硬的规制标准，回归"人"的本质和"艺"的自由，这份纯粹与洒脱，在藏族山歌中展现得淋漓尽致。

与时俱进，山歌赋予新生命

2008年6月，川西藏族山歌由四川省甘孜藏族自治州、阿坝藏族羌族自治州、炉霍县联合申报，被国务院批准列入第二批国家级非物质文化遗产名录。与之同时或在其之后，又有多个藏族民歌品种成为国家级非遗项目。

比如，由四川九龙县申报的"玛达咪山歌"，也是极富特色的一个曲种。玛达咪山歌来自藏族的一个支系——西番人。流传于四川省甘孜州九龙县大河边片区的子耳乡、魁多乡、烟袋乡等地，类别包括抒情山歌、劳动夯歌、丧歌、婚仪歌等。"玛达咪"的名称，缘于其每首四句歌词基本都以衬词"玛——哒——咪——唉"作为开头和结尾这一鲜明特色。这种山歌旋律深沉幽怨，调式高低起伏跨度较大，其他民族的演唱者很难模仿。

四川冕宁的"赶马调"，用生动的歌曲再现了"南丝绸之路"曾经的盛况。当年冕宁是商旅往来的"牦牛古道"。"赶马调"中加入了"呜呼呼"驱马前行的衬腔，保留了西北民歌和川西藏族山歌的音调特征。其曲调高亢绵长、节奏自由，以五声调式为主，也有六声。唱词中经常有"天上飞的麻鹞子，地上走的马脚子""驮马铃儿当当响，喜上心头把歌唱"等展现行路人生活状态的句子，颇为活泼有趣。

同为第二批国家级非遗项目的"华锐藏族民歌"，流传于甘肃省天祝藏族自治县。特点是题材广泛、内容丰富，包括颂歌、赞歌、迎宾歌、问候歌、哭嫁歌、婚礼祝福歌、逗趣歌、劝解歌、挤奶歌、情歌等多种曲式类别。其叙事长歌特点鲜明，包含《创世纪》《珠东论战》《格萨尔大王歌》等诸多名篇，唱词文学性很强。然而，由于该曲种多为口头传唱，以文字形式记载下来的不多，加上时代变迁，其传播途径日趋狭窄，国家正在加大力度进行保护性传承。

我们将藏族民歌放在历史的坐标轴上看，会发现这项古老而又传统的艺术始终都处于创新的实践当中，努力地迸发着新的活力。

著名的《康定情歌》，便是从康定地区的民歌"溜溜调"中获得的灵感；又如改编于藏族民歌《山南古酒歌》的《北京的金山上》，被一位叫作雍西的藏族女歌手传唱到了北京，迅速名闻天下。而雍西的女儿，虽然选择了流行唱法，但同样取得了巨大的成就，在她的音乐作品中，始终都留存着藏族民歌的影子。她，就是韩红。

千百年来，青海的安多藏族民众们每逢新年到来之际都会高歌："长寿者要有丰盛的食物，福气者要有丰盛的衣物，渴望者要有聪明的儿子，财富者要有上品的牲畜……"这种气势雄浑的民歌，被称作"藏族酒曲"，是青海藏族民歌最主要的组成部分。2022年的某一天，一位青海贵南大草原上的母亲根藏卓玛，在孩子的鼓励下开始在网络上开嗓唱歌，用一首《乌兰巴托的夜》，征服了360多万网友。虽然她唱的并非全是藏族民歌，但空灵高远的动人歌喉和与生俱来的高原气质，让聆听者深深沉醉。这种用心运营的艺术，必然有超越时空的价值，终会在某个时刻闪光。

四川甘孜折多山上的"康定情歌"投影　视觉中国供图

青海省玉树市的藏族民众进行歌舞表演　中新社记者　马铭言摄

青海果洛巴颜喀拉山　王露摄

羊皮筏子漂流在黄河上　王警摄

兰州鼓子：
刚柔并济的河边回响

兰州，自古便是西北重镇。滔滔母亲河穿城而过，羊皮筏子在急流险滩中奋楫搏浪，艄公号子的呼喊，穿透千百年的历史长河，响彻云霄。这里是多民族交融之地，既有着高原风霜雕刻出的豪放，也有大河文明滋润下的温婉，最终碰撞出雄浑而绚烂的文化。

花儿、秦腔、信天游，都在这片土地上大放异彩。此外，还有一种颇具特色的说唱艺术——兰州鼓子，也在这里占据了自己的一席之地，在城市的街头巷尾传唱至今。

从难登大雅之堂到"金城正声"

若要探兰州鼓子的来源，离不开陕西眉户。戏剧学者王正强对兰州鼓子进行过深入研究，他在《兰州鼓子研究》中谈道：构成兰州鼓子的两大要素是曲牌和曲本。其曲牌按组织程序与连接格式，分为鼓子和越调两大腔系，即由八角鼓子牌子曲发展而成的"鼓子腔系"和由眉户牌子曲发展而成的"越腔系"。

兰州鼓子是在北京八角鼓和陕西眉户的基础上融合衍生而成的曲艺品种。和大多数的民间小曲一样，兰州鼓子首先从民间发迹。据传是在清代由一位外号叫"宁秃子"的艺人传唱开的。"宁秃子"从小以唱鼓子为生，他的鼓子唱词

兰州鼓子泥塑　兰州非物质文化遗产陈列馆藏

丰富、韵律和美，以兰州的方言行腔，因此受到当地人们的欢迎。清朝时，有不少满族旗人在陕甘任职，这些官员认为兰州鼓子的方言唱腔与以满族官话为主的鼓子唱腔不一样，因此将其称为"老腔"，并不太认可，认为其不能登"大雅之堂"。但在"宁秃子"等"老腔"艺人的积极传唱下，兰州鼓子受到了当地人民群众的广泛欢迎，在当时兰州的街巷酒肆中，大家以听"宁秃子"的演唱为一件乐事。之后，又有其他鼓子艺人将"老腔"进一步润色加工，创作出更多曲牌，使兰州鼓子在调式和唱腔上都有了许多新的变化。

继"宁秃子"之后，兰州又出了一位著名的曲艺家"崔反牢子"（据传真名崔恒山，也被称为"崔栓牢子"）。"崔反牢子"在演唱技艺中融入了大量兰州民间音乐唱词和行腔方法，这种唱法更符合当地人欣赏习惯和审美情趣，被称为"新调"。"崔反牢子"也成了当时的鼓子名角儿，在他的带动之下，兰州鼓子的影响力逐步提升，渐渐得到了官府的认可，走进了官府后院，受到上层官僚们的喜爱。其在民间的传唱也更加兴盛，尤其是在街头茶馆中

兰州鼓子弹唱老照片　来自百家号《甘味之家的味道》

举办的各类演出，总能吸引大量的市民围观。有记载称，当时兰州鼓子界的权威演唱场所以皋兰县府门前一茶馆为冠，凡能进此茶馆演唱者，颇有"一登龙门，身价十倍"之势。

清代同治、光绪时期，兰州鼓子进入全盛阶段。当地学习、演唱兰州鼓子的人数激增，本地人大都能唱上几段，有的甚至还会简单的吹拉弹唱，因此鼓子名噪一时。它的演出场景也逐渐从城市茶馆酒肆向周边农村地区流传开去，成为当地人婚嫁、做寿等喜事时用以演出助兴的曲种。随之出现了一些走村串乡的职业鼓子艺人，通过他们的演唱和传授，兰州鼓子又向周边的县乡进一步地扩展。

与此同时，官府的认可进一步提升了兰州鼓子的艺术地位，鼓子艺人们的社会地位也得到了相应的提升。清光绪中期，当地政府官员曾于兰州府设筵约请鼓子艺人举行盛大的赛会演出。兰州鼓子还曾随军入京表演，受到欢迎，这进一步让它的地位得到抬升和巩固。从此以后，无论是官方宴会，还是街边茶馆，抑或乡村院落，一架扬琴、一把三弦、两三艺人，琴弦一动，一台兰州鼓子戏就此开场，这成了官宦和百姓们都喜闻乐见的场景。兰州鼓子成了一种真正"雅俗共赏"的曲艺形式。而到了新中国成立后，它更是得到了"艺苑奇葩，金城正声"的美誉。

虽名为"鼓子"，但兰州鼓子并非以鼓作为主奏乐器，而是以三弦为主奏，扬琴、月琴、琵琶、二胡、板胡、梆子、小铃、箫、笛等为辅奏。其曲调根据所表达内容不同而各有特点，既有悲壮苍凉，一唱三叹；又有平和喜悦，婉转明快。其音韵有的热烈紧张，曲调跌宕起伏；有的则柔媚轻舒，有余音绕梁之韵致。在唱法上又有刚口、柔口之分。刚口唱法也叫"武唱"，要求共鸣强且音量大，多演唱金戈铁马主题的英雄曲，如《燕青打擂》等；柔口唱法又称"文唱"，注重声音的纤细柔和，多演唱抒情性强的思情曲，如《尼姑下山》等。

要说兰州鼓子最具特色的部分，当数"拉拉梢"，也称作"接声"或"拉梢子"。即在主角演唱中，其他艺人跟着帮唱，因此也俗称"帮腔""接声"。在兰州皋兰县，当地艺人也称其为"拉坡"。比如，在演唱【三朵花】【太平年】【哈儿哟】【摔截子】等曲牌时，当演唱者唱到乐段末处时，伴奏者会接着句尾的固定衬词进行"帮腔"。据老艺人讲，每当"拉梢子"时，周围听众们往往也一同帮腔，相和者有数十人至数百人之多，声音洪亮，气氛相当热烈。这种表演形式和当地豪放热情的民风有关，也有专家推测是借鉴了军队打仗时呐喊助威的形式，以增强表演的声势，从而达到震撼人心的艺术效果。

天理人伦　尽在古韵今声

从诞生到成熟，兰州鼓子经过了两百多年的发展，经由历代艺人们不断地整合和创新，各种剧本、曲目日益丰富起来。不少曲目流传至今已成为经典，生动记载了兰州这片沃土上文化的变迁，成为窥探当地历史文化的一扇窗口。

任何一种曲艺形式，都离不了感时伤怀、借古讽今的功能。用艺人们的话讲，就是"唱的是自己的愁肠"。因此，把各个时代的唱词放到当时的历史情境中，我们不难发现，这些艺人扮演了历史记录者的角色，他们的演唱与创作都与社会现实情境密切相连。

目前可查证的传统兰州鼓子词有1000多段，曲目抄本约200余篇，如今仍被当地人所熟知并传唱的有100余篇。其内容取材广泛，形式多样，传统曲目内容大致有三类：一是赞美贺颂之词；二是咏物写景之词；三是叙述民间故事和历史故事。从受欢迎的程度来看，还要数各类民间传说、历史故事，尤其是大量的才子佳人传奇和公案类故事，这也是艺人们的"拿手好戏"。如《卖花郎》《雅仙刺目》《雨打桃花笑》《岳母刺字》《白蛇盗草》《拷红》《骂红》《四郎探母》《悟空带路》《武松打虎》《林冲夜奔》等，都属于经典曲目。这类作品在其他的曲艺形式中也是必备内容，究其原因是这类题材贴近那个时代民众的生活，能够体现人们价值观中"善有善报恶有恶报"的朴素愿望，以及彰显弱势群体与豪权强梁的抗争精神。通过欣赏这类曲艺，听众心理上能得到极大满足。总体来看，兰州鼓子的唱词在思想内容上大多积极向上，如传统曲目《拷红》《荐孔明》《燕青打擂》等，当代创作的新作品更是体现出了社会进步与人间真情，如《李大娘送饭》《舅舅的礼品》等。

因融合了当地的方言，兰州鼓子唱词雅俗共赏。它在传承中受到我国传统文学中的唐诗宋词尤其是元曲的影响，同时还继承和保持了我国古代文学的优美韵律，吸收了敦煌变文的三、四、五、七、十、杂言等长短句式特点，音韵婉转流畅。其在传唱中还受到当地风土人情的影响，吸收了关陇语区的兰州方言，有着直率奔放的艺术特色和浓郁的乡土风格。

兰州鼓子是以说唱形式为主的表演艺术，通俗易懂，抒发情感单纯直接，可最大程度地将想要表达的思想具象化，容易被观众领悟。和我国各类戏曲一样，这些曲艺歌颂的是现实生活中的真善美，对民众有着积极的教化作用，在净化当地社会风气、启育人们的道德情操等方面都有很好的助益。如表现诸葛亮忠心耿耿、鞠躬尽瘁精神的《取街亭》；赞扬白娘子冲破封建礼教、争取自由和爱情的《水漫金山》；歌颂岳飞忠贞护国精神的《岳母刺字》；直接劝人向善、倡导安定团结的《劝化人心》；劝诫家人和睦相处、孝老爱亲的《孝悌当先》等。中国众多戏曲曲艺都是在行腔念白之中，展现对人间真情和善良的褒奖，对社会丑恶现象的批判，将艺术与传统文化中的仁义礼智信等很好地融合在一起，由此获得听众的同理心。尤其是像兰州鼓子这类在市井中流行的小种曲艺，更是以贴近普通民众见长，让众多的下层劳动人民在勾栏瓦肆中感知社会冷暖、聆听人生百态。

兰州鼓子的题材内容几乎能够涵盖社会生活的方方面面，让人听起来备感身心愉悦，进而达到陶冶情操、提高审美趣味的效果。作为兰州地方文化的主要组成部分，在黄河上游这个多民族文化交融发展的特定的地域，朴实而豪放的人们，将自身的精神、情感和思想有机地融合到兰州鼓子的唱词曲目之中，使得地域文化得以传承和发展。

除了社会教化功能之外，鼓子也成了保存当地方言的一个最好的躯壳。兰州鼓子是唯一以兰州方言作为基础语言的地方曲艺，它的演唱方式也与当地的语言发音有着共性联系，大量的兰州方言词汇因鼓子词得以保存和流传，为我们通过方言来研究兰州的地域文化、社会经济变迁等提供了最好的佐证，因此，兰州鼓子也被称为当地方言研究的一块"活化石"。

东风助力　老树发新枝

和大多数民间小曲一样，由于继承者的减少，兰州鼓子也面临着传承危机。在2006年5月20日，兰州鼓子经国务院批准，列入第一批国家级非物质文化遗产名录，这对其传承和发展起到了促进作用，兰州鼓子因此重新得到了许多人的关注。兰州市政府也对这一"活化石"级的曲艺，给予了高度重视，加大对其保护和传承力度，在兰州的三县五区分别成立了鼓子协会，使濒临消亡的兰州鼓子得到更大范围的传唱和弘扬。

近年来，艺人们开始借助大众媒体，努力让兰州鼓子在全国范围内引起更多人的关注。2024年1月6日，由皋兰县名藩馨声艺术团表演的"兰州鼓子——《鼓子新韵唱家乡》"在央视戏曲频道《一鸣惊人》栏目中播出，80岁高龄的什川鼓子艺人陆孝兰领衔出演。通过央视舞台，这一黄河上游的地方曲艺得以在全国观众面前亮相，让更多的人认识它，这给予了传唱者、传承者们极大的荣耀和信心。

兰州各区鼓子协会也组织开办起鼓子培训班，吸引更多年轻人加入到学习和传唱队伍中来，有效吸纳了不少年轻的传承者。另外，随着文旅产业融合发展的推进，当地政府也将兰州鼓子作为文化标志之一，参与到各类旅游消费环节中，引导曲艺走近市民、走向市场。在春和日丽或秋高气爽的旅游旺季，在以黄河风情线为代表的黄河打卡地标，以及白塔山公园、五泉山公园、小西湖公园、雁滩公园等处，都能看到兰州鼓子艺术团体的表演，成为黄河岸边的一道亮丽风景线。

除此之外，兰州还加大对艺人的保护和对曲艺资料的整理力度。组织相关专家对著名的鼓子艺术家魏世发的唱词、方言特色、表演形式进行了"抢救式"的整理和保护。还有相当一部分专家学者对兰州鼓词的文学曲本和当中的方言进行了整理发掘和研究。随着大众传媒和数字技术的发展，传统的说唱艺术能给年轻观众提供的视听体验程度极为有限，因此有人提出，传统的兰州鼓子表演要和声光电等现代舞台技术结合，进一步创新其传播形式。当地政府和文旅单位对此也进行了积极探索。由甘肃省话剧院创作的话剧《老柿子树》，就把兰州鼓子原汁原味地展现在了话剧舞台上，后来又改编成了电视剧。这种有益的探索，使兰州鼓子的身影出现在越来越多的媒体平台上，展现在越来越多观众的视野中。那清越的弹奏声，和着浸透了兰州方言的唱词，犹如老树发出的新枝叶，重新酝酿起新的能量，以进取的姿态怒放在这座老城的街巷之中。

黄河在兰州市穿城而过　视觉中国供图

黄土高原腹地上的小城通渭　视觉中国供图

通渭小曲：

道道山梁歌声响

通渭地处甘肃省中部，属定西市。清代名臣左宗棠平定叛乱时路过此地，被当时的贫穷状况所震撼，称"陇中苦瘠甲于天下"。但通渭自古就是军事重地，战国秦长城横贯县境长约90公里，城中有宋金古城遗址，是著名的"千堡之县"。通渭作为古丝绸之路的重要通道，是连结兰州、白银、平凉、天水等地的重要枢纽。

通渭有着悠久的文化历史，境内曾多次发现"马家窑""齐家"等古代文化遗址。东汉著名的"夫妻诗人"秦嘉、徐淑就是通渭人。通渭还是著名的"中国民间文化艺术之乡"，除了秦腔、花儿等人们耳熟能详的民歌品种之外，还有一种在当地流传了数百年，兼具豪迈和凄婉特色的民间音乐——通渭小曲。

丝路之上一曲乡情

通渭小曲与陕西眉户同源而异流，且通渭小曲的调名多于陕西眉户，因而在通渭的锦屏、马营、华岭等地长期将小曲称为"眉户子"，在其他乡镇俗称"小曲""小唱"或"干赞儿"。眉户主要来自陕西。在明代，陕甘同属陕西省，直到清康熙八年（1669）才从陕西省分置出甘肃省。故明代至清初甘肃省巩昌府、平凉府、庆阳府、临洮府辖地的人们，无论是文化传承还是生活习俗，多与陕西相近。

在历史上，陕西地区的关陇文化曾盛极一时，绵延千年。通渭县马营镇作为古代丝绸之路上的重要驿站，往来客商络绎不绝。在寂寞的旅途中，人们往往通过演唱自己家乡的地方戏曲的形式遥寄思乡之情。清代前期，建于马营的山陕会馆一度成为眉户曲子传入通渭的集散地。在这里，一些戏曲爱好者无意中接触到眉户曲子以后，产生了学习的意愿，或向东来西往的陕西客商求教，或直接进入陕西拜师学艺，从而掌握了越来越多的唱腔曲调和器乐曲牌。

正如人们将秦腔称为"大戏"一样，通渭小曲被称为"小曲"或"小唱"。关于通渭小曲的历史渊源与曲调的形成，据《中国戏曲志》记载："其唱腔在承袭明清南北时调基础上，兼收当地民歌而成""甘肃曲子戏起源于秦汉，形成于唐宋，兴盛于明清，流传于全省各地"；又据《中国曲艺音乐集成》载："甘肃戏曲的许多曲牌与元明时期的时令小曲名称相同"；何钰在《通渭小曲》序言中提到："通渭小曲可能在明清即为盛行，清代为戏曲发展的盛世，小曲也不例外，通渭的民间小曲也发展成熟于这一时期"。可见，通渭小曲形成于明代，兴盛于清代，久唱不衰，传承发展直至当代。

通渭小曲乃至陇中各地区的小曲，都与陕西眉户有诸多相同或相似之处。通渭小曲的某些唱腔、曲牌与陕西眉户基本相同，甚至同曲同名，如【五更】【银纽丝】【剪边】【莲花调】【紧诉】【花纱窗】等；有些则同名异曲或同曲异名，如【长城】【西凉】【越调】【老五更】【劳子】等；但也有相当一部分曲调是陕西眉户所没有的，如【盘山调】【打牙牌】【呀吱调】【五更子】【望家乡】【秋水令】【刁江】【雁落沙滩】【大哭调】【小哭调】等。究其原因，是通渭小曲在发展过程中，自觉吸收了一些地方民歌小调。通渭本地艺人在演唱眉户曲子的同时，不断将通渭本地的民间小调充实到小曲的曲牌曲调中来，使曲子的感情表达更加多样化。

马营镇在明代为县级建制，是秦陇商埠及茶马互市之地。它商业繁盛，在清前期是甘肃四大名镇之一，有"小北京"之誉。马营的"山陕会馆"，上通省府金城，下通秦蜀，商客过往穿行，兴盛一时。据清代《续修山陕会馆施主功德姓名碑》中记载，当时马营有一秦腔班社，集结了一众陕西秦腔或眉户艺人从艺。

据马营镇当代民间艺人讲，通渭锦屏（现属马营镇）尖岗山村党家湾，有位叫"黑鼠

眉户小戏《村官山花》亮相第九届"全国优秀小戏小品展演" 尚洪涛摄

通渭小曲艺人在自己家院落内表演 张子斌摄

爷"（姓何，1864—1944年）的民间艺人，是现今人们仅知的近代眉户子演唱传人。"黑鼠爷"因肤色黝黑且在家中排行老四，早年间被庄间人称为"黑四爷"。后因乳名叫"鼠鼠"，在眉户子表演上有了很高知名度，几乎家喻户晓，故得艺名"黑鼠爷""黑鼠儿"（当时的艺人大多有绰号或艺名）。"黑鼠爷"生性聪明伶俐，天资很高。他酷爱民间小调，幼时便能演唱许多小调曲儿，学艺也极上进，年龄稍长便四处拜师学艺，能演唱百余个（折）眉户小戏，终成马营一带演唱眉户子的名家，慕名来向他拜师学艺的人络绎不绝。于是，"黑鼠爷"常在马营街及邵家滩、营滩、龙头掌、何家庄、银湾、毛湾等地传授眉户子表演技艺。清末至民国，他培养出得意弟子张彦德（著名艺人张兴贵之父）、王登荣、朱占江、何进明、何进仁、何天一等数人。由此开始，通渭小曲进入兴盛时期，每逢节庆，马营镇常有眉户子在"大王庙"戏台上演出。据何钰考证，当时马营有专门演唱眉户子的业余班子，秦腔艺人王明华、王虎臣、王子俊、尚贞元等也均会演唱眉户子，可谓名家辈出，把式接踵。张彦德是当时业余眉户班社最著名的"把式"之一。陕西眉户在马营生根、开花、结果，并不断与当地传统小曲元素融合、创新和发展，最终形成了通渭小曲。民间老艺人"黑鼠爷"、张彦德等人起着承上启下的作用，功不可没。

喜怒哀乐"曲"尽其妙

通渭小曲的唱腔曲牌（曲调）约130多个，器乐曲牌43个，演出剧本100余折。民间俗称音乐定弦，有平（515）、关（251）、当（252）、越（151）四种定弦法。其中四度定弦为"硬中弦"，五度定弦为"软中弦"。四度关弦不常用，四度越弦经常用。民间习惯把唱腔曲牌称"曲调""调儿"，把器乐曲牌称"曲牌""牌子"，把演唱剧本称"曲儿"。

何钰在《陇中小曲曲牌述略》中论述："无论是唱腔还是牌子曲，皆服务于其所表现的戏剧情节内容，极富有感情色彩。如情感的喜怒哀乐，节奏的轻重快慢，行腔的抑扬顿挫，情绪的起承转合。因此，它有'花音'（欢音）、'平音'（顺音）、'苦音'之别"。据著名民间小曲艺人王建业、王岳玺讲："唱曲儿开腔先低后高，先弱后强，先慢后紧，慢快依唱。依字托腔（避免依腔托字），唱词入腔，吐字入韵，行当入调，唱说入曲。"

在调式上，通渭小曲属于徵调式综合性调式，燕乐音阶。唱腔曲牌【背宫】【京道情】

通渭小曲戏艺人在院落内表演　张子斌摄

【老龙哭海】【盘山调】【大哭调】【长城】【五更】【银纽丝】【剪边花】【琵琶调】【越调】等由于在乐律乐调中经常出现很有特色的"b7"和"4"音，所以构成了这一调式曲牌特定的风格和特色，最容易表达小曲戏传统故事情节和人物的情绪情感。

　　在艺术类型上，通渭小曲属于曲艺中的说唱艺术。它的唱词结构格式独特，属长短句组成的杂言体结构格式，词与曲的结合十分严谨，结构完整。每一个唱腔曲牌的句数和每句的字数有一定的格式，分为十言、九言、八言、七言、六言、五言、四言、三言。在一首曲调内由四句、三句、二句和九言、五言等混合字句组成。这形成了小曲的独特的词曲结构风格。

　　试举几例：

　　越调　是最常用曲调，民间称"前月调""曰调"。其实，称"硬越调"最为恰当。它用于全剧的开始，不独立，不叠唱，旋律高昂豪放、活泼、起伏大，曲调流畅婉转，表现力强，适于男声演唱。由四字、五字、八字、八字组成的四句构成，其格式为四、五、八、八。如《刺目劝学》：

冬九寒天，鹅毛飞满天，×××× / ×× / ×××，

元和在曲江实可怜，×××× / ×× / ×××，

险些儿一命丧黄泉。×××× / ×× / ×××。

软越调　在调性上和"硬越调"相反，属悲音类曲调。亦用于全剧的开始，男女声均适用，不独立，不叠唱。节奏舒缓，旋律委婉抒情、起伏大，有极强的戏曲叙事性和情感表现力，适宜表现凄苦哀怨、悲痛伤感的情绪。由四字、五字、七字、七字组成四句构成。其格式为四、五、七、七。如《秦雪梅教子》：

坐在机房，两眼泪汪汪，×××× / ×× / ×××，

公婆年迈儿女幼，×××× / ×××，

想起商郎好心伤。×××× / ×××。

越尾　也称"后越调"，用于全剧结尾，不独立，不叠唱。节奏较缓，旋律和"前越调"基本相同，第一句启腔有所不同，用中低音行腔，旋律较为平直。由五句组成，最后一句字数多少不定，其格式为七、七、七、三、七（第五句为七字以上即可，不固定）。如《八仙庆寿》：

众仙拜寿散了宴，×××× / ×××，

各驾祥云回仙山，×××× / ×××，

金童玉女送堂前。×××× / ×××，

心喜欢，这才是八仙庆寿福寿双全。×××× / ××× / ×××× / ××××。

通渭小曲戏舞台表演照　丁相宏摄

"家戏""国戏"各有特色

通渭小曲兴盛于清代，至今仍在传唱。它的存世对于研究隋唐燕乐、南北俗曲和明清时调均具有重要的参考价值，是记录我国古代戏曲文化的一块"活化石"。它在长期的流传过程中，因"运用乡语""音随地改"，逐渐形成了具有地域特色的演唱风格，是通渭县最具代表性的标志性文化之一。通渭小曲戏于2011年5月被国务院公布列入第三批国家级非物质文化遗产名录。

通渭小曲演唱语言取用通渭方言，唱词浅显易懂，故事情节完整，乡土气息浓厚，有广泛的群众基础。"庄庄兴小曲，社社有小曲，人人唱小曲，四季乐小曲"是通渭人对小曲戏情有独钟的真实写照。其演唱形式可分为两种：一种是清曲清唱，自弹自唱，自娱自乐；另一种是戏曲表演，依剧本分行当角色，化妆表演，说事唱情。曲调有喜、怒、哀、乐、忧、思之分，角色有生、丑、净、旦之分。

通渭小曲内容的创作主体有二，即文人和民间艺人。文人所创作的小曲特点是：抒性灵、逞才情、求典雅、讲规范。他们的创作水平各有差异，"工者以供鉴赏，拙者亦以资捧腹也"。整体看，文人进入小曲的创作领域，体现着文人自觉担当社会责任的一种家国情怀，提升了小曲的审美层次。同时，戏曲和曲艺是来自民间的艺术，不可避免地烙上通俗甚至低俗的印记，滑稽、奇巧等特征是明显的。在通渭小曲传承发展的过程中，民间曲艺艺人表现出极大的文化自觉性，他们逐渐打破了文人的创作垄断，继而成为小曲新的创作主体。这一变化使得小曲更加民间化、生活化。近年来，通渭小曲艺人创作了许多歌颂国家政策、讴歌时代变化、反映通渭风土人情和特色文化传统的小曲戏，在通渭大地上广泛传唱。其源于生活、根在大众，可谓"其词直质，虽妇孺亦能解；其音慷慨，血气为之动荡"。这些创新作品将小曲推向了更加宏大的叙事层面。通渭小曲紧密结合民俗文化，真实深刻地反映着民间生产生活的样貌，承载着历史的不朽记忆，为人们研究当地历史的变迁、文化的传递和民俗的嬗变留下了宝贵的资料。

当今，通渭小曲所传唱内容的教化作用日益明显。一方面，小曲在民间的流传需要保持野性和原生态。另一方面，戏曲创作必须遵循礼乐传统，表达忠孝节义等社会共同价值观，对稳定社会秩序发挥陶铸作用。在这两种张力的作用下，小曲一方面保持着自身的特点前行，一方面自觉承载着教化的功能发展。通渭民间将戏曲简单地分类为"家戏"和"国戏"，"家戏"以伦理道德为内核，"国戏"以忠臣节义为依托，反映出民间朴素的家国情怀。可见，小曲虽小，却也承载着说不尽的庙堂忧思。

"小曲"渐成大观

数百年的传承，使这一独具地方特色的曲调成为联结当地农村百姓生产生活和精神世界的重要纽带，在农耕、婚嫁、生子、祭祀等各种场合，小曲都是不可或缺的部分。一个个生动的小曲故事中蕴含着丰富的生活哲理，正是这些通俗易懂的道理，陪伴、教导着一辈辈通渭人在这片生存环境相对恶劣的土地上生生不息。

新中国成立以后，随着一些受过专业教育的音乐工作者的介入，通渭小曲的曲牌曲调日渐走向规范化。在传承传统的同时，一些新的曲调陆续出现，有了曲、白、科（介）相间的文学形式，且生旦净末丑行当齐全，各种角色都可以演唱，更符合戏剧艺术的要求，开启了通渭小曲的新纪元。经过系统整理，现已形成唱腔曲牌160个，传统剧本293出（折），民间小调80首。别具一格，自成体系，放眼全国曲艺界，也是蔚为大观。

整理归纳工作是通渭小曲在新时期得以进一步发展的根基。自20世纪80年代以来，通渭县文化馆组织干部职工和民间曲艺艺人对流传于民间的小曲曲牌曲调和剧本进行搜集、录音、整理和修订。现在传唱的小曲多为这一阶段收录的结果。通渭小曲戏被列入国家级非物质文化遗产名录后，我国对它的整理和研究进入系统化、规范化阶段。在整理、修订和数字化记录保存过程中，许克俭、邢正中、何钰、姜中和、何家英等人发挥了尤其重要的作用。

为了保护传承好通渭小曲戏，通渭县文化馆于2016年编辑出版了《通渭小曲戏传统剧本集》。2017年，又邀请县小曲戏研究专家许克俭先生整理印刷了小曲戏培训教材《通渭小曲戏曲牌音乐》。至此，通渭小曲戏的整理工作基本完成，之后的工作重心转至传承和传播方式的探索上。2017年，县文化馆充分调动民间曲艺班社的积极性，排演传统小曲戏74台，创排现代小曲戏4台，拍摄录制后在通渭县文化馆网站上发布，为小曲的传承传播摸索出了一条成本低廉、快捷有效的新路子。我们期望，在国家的重视和当地政府的积极推动下，通渭小曲能迎来新的春天。

空中俯瞰黄河流淌于山川中　视觉中国供图

宁夏的黄河风光　视觉中国供图

宁夏回族民间器乐：
听古风吹在原野

九曲黄河，刚劲雄浑之外亦有柔肠百转。在河水经年累月不断地冲积和涵育下，有了肥沃秀美的宁夏平原。"征蓬出汉塞，归雁入胡天"，宁夏历来便是多民族交流融合的文化走廊。这里的人文历史，亦如其物产风景一样，丰富且多元。

"雁声远向萧关去"，古人心中的宁夏，常与古道、羁旅以及怀乡之思有所关联。时至今日，繁荣富足的宁夏，已不见曾经的萧然冷寂。我们只能在那些古老民间乐器的吹奏声里，来感受一丝古风的味道。

咪咪、泥哇呜、口弦，这些最简单的乐器所演奏出的，是与黄河伴生了千年的生命原声。它们的每个音符上，都承载着岁月的重量。

曾经羌笛，花落"咪咪"

大唐天宝年间，某个明月朗照的冬夜，雪地里映着清冷的天光。一阵似有若无的笛声悠悠响起，在空旷的天地之间飘忽迁延，被年近半百的诗人高适闻听到，写下了一首《塞上听吹笛》："雪净胡天牧马还，月明羌笛戍楼间。借问梅花何处落，风吹一夜满关山。"

诗中的"梅花"，并不仅仅指树上的梅花，据说还指代当时非常流行的民间乐曲——梅花曲。虽然诗中并未提及当地是何处塞上、哪里成楼，但可以肯定的是，明月之下、关山之中，那幽怨的羌笛声，成了边塞生活中不可或缺的伴奏。与之相关的另一句诗更有名气，它出现在李益的《夜上受降城闻笛》中——"不知何处吹芦管，一夜征人尽望乡"。而这次暗夜听曲，则有着较为明确的地点，就在今天的宁夏回族自治区灵武市西南。

后来羌族西迁，曾经响彻西北边塞的羌笛花落何处？根据相关专家的考证，如今宁夏民间常见的乐器咪咪，就是古代西北地区羌笛的遗存。据说，最早的羌笛是用鹰骨所制，还被作为马鞭的手柄，既可以吹奏又能驱赶牲畜。后传入中原，形制发生了很大的变化。汉代马融的《长笛赋》中有"近世双笛从羌起"的记载，更详细地描述羌笛的形制为"双笛四孔"，由汉族乐师增加一孔后，方能吹奏完整的五音。其记载的形制，与宁夏的咪咪重合度极高。这也说明，咪咪可能更多地保留了羌笛原本的面目。更有相关研究推测，羌笛是文人墨客的一种官方称呼，而咪咪才是这种乐器在民间口语中的名字。

流行于宁夏回族中的咪咪，除了"双笛四孔"的样态以外，还有很多其他形制，比如单管，或者六孔、七孔。比较讲究的咪咪，要用农历一月的竹子做笛筒，在两根十余厘米的竹子上凿出孔，用丝线并排绑在一起。最重要的部分是笛筒上方的"哨子"。这种哨子，需要用春

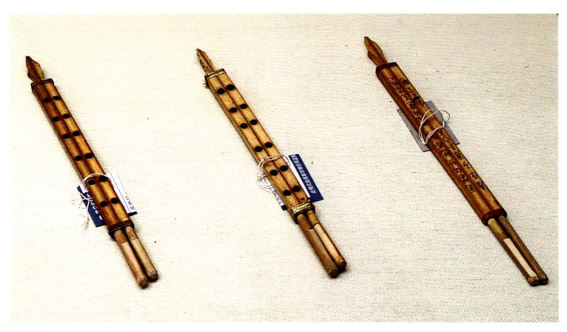

羌笛　中国羌族博物馆藏

宁夏回族乐器——咪咪

天早发的嫩枝,抽掉其中的木芯,然后在一端轻轻削去表皮,利用其内部轻薄的嫩皮作为震动声源,吹起来会有"咪—咪—"的声音,犹如雏鸟待哺、群蜂振翅,充满了自然野趣。当然,如果嫌这样的工序繁琐,完全可以就地取材,用芦苇、柳枝,甚至一节青稞的秸秆,都可做成,实在是"俯拾即是"。因此,咪咪成了一种极其亲民的乐器。又因为其材料都取于春季,所以也被亲切地称作"春天的哨子"。极具自然魅力的咪咪,常常被用做民歌花儿的伴奏乐器。伴随着歌者婉转的歌喉,咪咪或独奏或合奏,总会将山野里的浪漫气息推向高潮。

宁夏中卫盛产枸杞,枸杞田边往往栽植着茂密的柳树。咪咪非遗传承人马文祥自幼就习惯折下柳枝来,做成乐器吹奏一番。近年来,他潜心研究咪咪的制作工艺,改进了制作方法,还打破取材的季节限制,提升了制作效率。更重要的是,他让咪咪的音质变得稳定,易于操控。他将乐器原本的薄膜发音改成了类似唢呐的哨片发音,让咪咪有了更嘹亮宽广的音域。此外,还改进了孔的数量,制作出八孔咪咪,丰富了其音色变化。马文祥带着经由自己改进的咪咪,在文旅博览会和文艺汇演等场合吹奏,让这个形制简单的古老乐器焕发了新的活力。

首届西北五省（区）非遗文化旅游博览会上，回族民间乐器"咪咪"制作传承人马文祥在吹奏咪咪　新华社记者　王鹏摄

"泥哇呜"，火与土的赞歌

"哇呜唱，庄稼长；咪咪吹，牛羊壮"。在宁夏的原野中，"咪咪"的嘹亮和"泥哇呜"的低沉，是天生的搭档。泥哇呜源自一种更古老的乐器——埙。在河姆渡和半坡文化遗址中，就出现了埙的踪迹。将其称作中国乐器之滥觞，相信也不为过。

埙的制作方法并不难，只需保证内里中空、外表多孔，即有了大致模样。在漫长的历史时期，宁夏回族聚居区的"尕娃娃"们，会用结实柔韧的黏土，大体团出形状，再用工具钻好用于吹奏的几个小孔，然后晾干使用。比较喜欢花心思的小朋友，还会认真地烧制一下，使其陶化。火的热量重构了黏土的性质，埙就有了与之前不同的光泽和精气。

宁夏"塞上江南"的农耕文化特质，使这里埙的形制带有鲜明的地域色彩，尤以"牛头埙"最为普遍。埙的声音较为低沉，吹奏起来带有一种古朴、苍凉的味道。由于结构和音色

宁夏回族乐器——泥哇呜　孟凡硕摄

的关系，埙更适合表现悠长庄重的乐曲，比如《苏武牧羊》《阳关三叠》等。一旦吹奏起来，人们仿佛能听到浩荡天风纵横于亘古洪荒的声响，悠远而深沉。根据埙的发声特点，宁夏回族人民形象而亲切地称它为"泥哇呜"。

　　然而，也正是因为泥哇呜这种遗世独立的"高古范儿"，令其在演奏中相当"不合群"，不太好与其他欢快活泼的乐器配伍。为此，宁夏的音乐工作者们不断对其进行升级改造，以期让这种古老的乐器找到新的用武之地。20世纪末，泥哇呜出现了上宽下窄的新形制，音孔也从五个增加到了十二个，初步解决了其音色较为单一的短板。

　　为泥哇呜升级改造做出突出贡献的，是该项目的国家级非遗代表性传承人杨达吾德。杨达吾德出生于宁夏平罗县渠口乡，因为住在黄河岸边，一家人常与泥巴打交道，由祖辈传承下来了制作泥哇呜的手艺。父亲在他小的时候，就曾教他一些制作泥哇呜的简单方法。在家人不断的熏陶下，他逐渐爱上了这个看似不起眼却颇有意思的古老乐器。父亲去世后，对泥哇呜进行更深入的研究，成为他一直心心念念的精神支柱。

"泥哇呜"国家级非遗传承人杨达吾德在自己的工作室展示并演奏"泥哇呜"
中新社记者　杨迪摄

后来，杨达吾德从事了陶瓷美术设计专业，但他发现按部就班地工作无法实现自己的愿望，于是在1997年辞去工作，专心研究泥哇呜。在历经了几年的探索和挫折之后，他的作品终于受到了行业内的瞩目。2005年，在时任中国民族器乐学会副会长毕可炜的关注下，杨达吾德的作品被推荐到展会上，并出口到国外。

杨达吾德多年来的潜心研究，让原本简朴粗陋的泥哇呜逐渐有了艺术品的风韵。他从改进原料材质和烧制火候入手，探索出了更加科学的制作方法，让泥哇呜的光泽度和造型美都得到了很大提升。还改良开发出"双腔体泥哇呜"，并将其音域扩展到十四个音。在"非遗"的可持续发展上，他也用足了心思。为了实现规模化生产，他设计出了一套泥哇呜标准化制作流程。经他改造之后的泥哇呜，不仅仅是一件趁手的乐器，更成为展现宁夏魅力和回族民族文化的文创产品，拥有了更为广阔的市场前景。

今天，已经为泥哇呜的传承奋斗了数十年的他，依然活跃在研究和宣传的一线，继续谱写着自己关于"火与土"的颂歌。

"口弦"声声传心声

"投我以木桃，报之以琼瑶"。这是古时候男女相恋时互致爱意的约定。而在宁夏，青年男女的相会，并不一定需要礼物，甚至不需要语言，只需几声音乐便可传情达意。在心上人的窗下，男子吹起咪咪邀约，女子则以口弦回应。

口弦，是很多回族妇女都乐于操持的一种小巧乐器，也叫"口琴子"或"口衔子"。口弦有的是用金属制作，多为铜质、铁质；也有的用竹子制作。其发声处来自乐器中间一根细薄的簧片。演奏时，可以将口弦含在嘴里，用舌头拨动簧片发出声响；也可以咬住口弦，用手扯动连接簧片的丝线来发出声音。口弦并没有什么固定的调式，全靠演奏者的口唇控制力和气流大小来达成音乐的强弱高低。口弦演奏看上去不难，实际上却是一门"大巧若拙"的技艺。

这个小巧玲珑，不过几寸长短的乐器，同样历史悠久。根据相关资料考证，口弦是在中原失传已久的古老乐器"簧"的变体，据说在新石器时代的母系氏族时期就已存在。《诗经》里亦有"吹笙鼓簧，承筐是将"的诗句，足以见口弦"资历"之老。著名的成语"巧舌

口弦的非遗传承人李旭正在演奏口弦　中新社记者　于晶摄

如簧"，庶几也跟这种著名的乐器有关。当然，在口弦最为流行的六盘山，也有另一种传说：此处曾经遭遇大旱，一位回族姑娘为了给大家找水，历尽千辛万苦。在好不容易找到水之后，姑娘却因为被毒蛇咬伤而丧失了说话的能力。她的情人为了纾解姑娘的遗憾，做了一个口弦让她吹奏，代替语言来与他人交流情感。

这个传奇故事的真实性已经无法稽考，但可以明确的是，口弦是深闺中的回族女性用来自娱自乐、排遣寂寞的重要方式。早年间，女性受到规矩约束比较多，很难有自由出门的机会，于是她们就借吹奏口弦，来抒发自己的情绪、表达自己的心境。口弦发出的音乐虽然轻盈，但依然犹如花前草虫鸣叫、梁间燕子呢喃一样，一声声地传递着自己的心声。"三寸竹片片，两头扯线线。一端口中衔，消罪解麻缠。"那些独坐家中无人言说的痛苦寂寞，往往就在口弦的三弹两拨之中，完成了消解。

在风俗演进、文化昌明的今天，口弦早已不再与深闺寂寞捆绑在一起，而真正作为一种传统艺术形式流传下来。宁夏灵武市郝家桥镇崔渠村的马兰花、马义珍姐弟俩，在村里成立了"马氏口弦"演奏小组，合奏出《骆驼铃》《苦难歌》《廊檐滴水》等曲目，展现了这门传世技艺的不凡之处。另一位口弦国家级传承人安宇歌，曾在2008年北京奥运会、残奥

宁夏回族乐器——竹口弦　Yestock摄

会举办期间，在祥云小屋为国内外宾朋展示口弦技艺。经过她改进的口弦，更具有现代音乐的气息。

在宁夏，像咪咪、泥鸣哇、口弦这些简而不陋、返璞归真的古乐器，穿越了历史风烟，在今天依旧延续着富有魅力的余音。2006年，宁夏回族民间器乐入选首批国家级非物质文化遗产名录，由此得到了更多关注和保护。其实，在黄河上游地区缤纷的艺术土壤里，还藏有很多极具特色的民间乐器，如火不思、索勒、环镲等等，它们如同一颗颗闪耀的珠子，共同串起了黄河流域音乐历史的脉络，也共同演奏着继往开来的华彩乐章。

腾格里沙漠与宁夏沙坡头黄河河湾　视觉中国供图

内蒙古鄂尔多斯市准格尔黄河大峡谷景区景色　视觉中国供图

漫瀚调：

黄河"几"曾见，歌遍塞上江南

九曲黄河，浩浩汤汤，流经内蒙古高原时奔涌北上，在阴山脚下又突然折返而蜿蜒南下，形成了天然的"几"字弯。它像一条金色的哈达在内蒙古草原上飘荡，给世人留下了永恒的祝福，护佑着两岸各族人民年丰物阜、乐业安居。

"几"字弯内的河套平原，处于黄河上游河谷地带，水源充沛、草木丰美、农牧业发达，因此被称作"塞上江南"。在这片人杰地灵的土地上，镌刻着古老的历史画卷：秦直道贯通塞外，赵武灵王胡服骑射，北魏建都于盛乐，成吉思汗策马扬鞭，阿拉坦汗与明互市，清代"走西口"大潮汹涌而来……一幅幅壮美的民族交往、交融的画面于此生动上演，各民族接力在这片神奇的土地上创造出了绚烂多姿的历史文化，共同装点着靓丽的祖国北疆。

久负盛名的地方民歌漫瀚调，便是在河套平原黄河岸边生成的一朵艳丽的艺术花朵，伴随着沿岸蒙汉等各族人民的生活，生机勃勃、魅力无限。素有"中国民间艺术漫瀚调之乡"美称的鄂尔多斯准格尔旗，是这一民歌艺术的发源地。

"走西口"催生出的独特民歌

清代中叶，清政府推行"移民实边"政策，准许大批晋陕汉民赴"蒙界地"创业谋生，史称"走西口"。准格尔旗位于鄂尔多斯境内的东南部，与山西偏关、陕西府谷接壤，是"一鸡鸣三省"之地。因为特殊的地理位置，该地也自然成了南迁汉民"走西口"路上的第一落脚点。农耕文明与游牧文明在这里交汇融合，由此拉开了南迁的晋陕汉民与当地蒙古族人民共同生产生活、交流交融的历史画卷。或许是为解思乡之恋，有些善唱民歌的汉族人在蒙古族鄂尔多斯短调民歌旋律中填入汉字进行演唱，这就是漫瀚调的最初形态。

随着民族交往的广泛深入，蒙古族人说汉语、汉族人说蒙语的现象越来越普遍。人们在漫瀚调旋律中融入晋陕汉族民歌爬山调元素进行了改造和再创作。形成了既有蒙古民歌特色又有汉族爬山调风格的独特旋律。有些歌曲中还出现了汉语、蒙语两种歌词混合呈现的"风搅雪"现象。历经了200余年的发展变迁，漫瀚调成为一种特色鲜明、贴近生活、独具魅力的地方民歌曲种，传承至今，经久不衰。

漫瀚调，亦称"蒙汉调""蛮汉调"。按照旋律特点可分为小调类和山歌类两种。其中，小调类的漫瀚调，主要源自蒙古族鄂尔多斯短调民歌，多为起承转合四句式的单乐段结构，代表作品有《妖精太太》《唐庆扎布》《达呼尔希里》等。山歌类的漫瀚调与晋陕北部、内蒙古西部地区流行的爬山调相似，多为两句式的单乐段结构。代表作品有《二道圪梁》《说不下个日期不让你走》等。漫瀚调以五声调式音阶为基础，旋律欢快明亮，跌宕起伏，多大跳进行。题材以生活类、时政类和爱情类为主。

方言俚语唱出缤纷气象

漫瀚调的歌词以汉语为主，内容以描绘生活占多数，唱调朴实无华，情感表达生动贴切，具有以下几个鲜明的特点：

1.方言演唱

准格尔旗漫瀚调皆采用晋陕方言演唱，有着独特的方言韵调。如："三十里的明沙二十里的水，五十里的路上来眊亲亲你"中的"三十"念作"san si"，"五十"念作"wu si"，"路"念作"lou"。这是由于准格尔晋陕方言前后鼻音不分，导致"zhi、chi、shi"与"zi、ci、si"不分，演唱起来却别有一番风味。

2. "串儿话"

漫瀚调唱词除了具有鲜明的晋陕方言特色外，还大量运用朗朗上口的"串儿话"。"串儿话"是内蒙古西部蒙汉杂居区百姓中流传的一种方言口头诗，俗称"打油诗"或"顺口溜"。其特征为：每句唱词的尾字都押韵，听起来节奏明快、语言流畅。"串儿话"口语词汇较多、通俗易懂、妙趣横生，富有浓郁的生活气息，能反映出该地区人民乐观开朗、幽默诙谐的性格特点，如：

> 水浇园园鲜白菜，
> 小妹妹长得惹人爱。
> 圪爬爬榆树背锅锅墙，
> 左看右看你是个丑卜郎。

> 阳婆婆落下又升起，
> 月牙牙变圆见着你。
> 咱二人相好手拉手，
> 棉膀膀靠在怀里头。

又如：

> 山坡坡长着百样样草，
> 小妹妹长得人样样好！

在漫瀚调演唱中，歌者通常根据现场情景进行即兴创作，灵活有趣的"串儿话"为漫瀚调增添了浓郁的生活气息，也非常考验演唱者的才情和灵活应变的能力。

3. "风搅雪"

"风搅雪"是指将蒙语、汉语在一首漫瀚调歌词里同时呈现、相互融合的特殊艺术形态。准格尔旗是蒙汉两族杂居较广的地区，两族人民在长期的生产劳作中形成了互帮互助、和睦相处的杂居群体，通婚现象较为普遍。渐渐地，蒙古族居民能讲汉语，汉族居民也学会了蒙语，且达成了一致的民俗习惯和文化认同。因此，在漫瀚调的演唱中，蒙汉两种语言自然、巧妙地融合在一起，这种唱词形式被生动地称为"风搅雪"。"风搅雪"一般以汉语为主，中间借用个别蒙语词汇，既强调对歌词韵脚韵律的把握，也强调唱词与旋律的契合与统一。如：

> 水红花开在乌松当特勒洼（水里头）
> 想你想在色那当特勒洼（心里头）

> 忙勒乌奎（马儿不走）拿鞭子打，
> 努库日依日怪（亲亲不来）捎个话。

"风搅雪"的另外一种更为复杂的表现形式是半句蒙语、半句汉语，或者一句蒙语、一句汉语交替出现，如：

> 塔内到了玛内家来，
> 瞎眼的脑亥咬塔内。
> 玛内抽出个大烟袋，
> 狠狠打它陶劳盖，
> 让你受惊怨玛内。

"塔内"是她，"玛内"是我，"脑亥"指狗，"陶劳盖"指头。蒙汉语充分混合、巧妙押韵，具有独特的艺术张力。再如：

> 巴伦和升西北上，
> 杭尼雅玛绵山羊。
> 巴达伊第来吃饭，
> 哈耳乒尔沙勒金两大碗。

歌手在内蒙古曲艺春晚上演唱漫瀚调《天下黄河》 王正摄

在这首漫瀚调每句唱词中，前半句是蒙语，后半句是汉语，后半句汉语是对前半句蒙语的解释。"巴伦"是西，"和升"是北，意为西北上。"杭尼雅玛"指绵山羊，"巴达伊第"意为请吃饭，"哈耳乒尔沙勒金"汉语意思是两大碗。混用时，创作者往往选用蒙语中的日常用语，讲求通俗易懂，并能押韵。这种"风搅雪"现象，体现了蒙汉民族交融后文化的创新和再生，这样独特的艺术形式深受蒙汉人民群众的喜爱，传唱非常广泛。这些漫瀚调唱词生动贴切、惟妙惟肖、朗朗上口，所咏内容与当地群众日常生活密不可分，完美诠释了"艺术来源于生活又高于生活"的真谛。

4."赋比兴"

赋、比、兴，是中国传统诗词歌赋里被广泛采用的修辞手法。赋，通常指"敷陈其事而直言之"，即对于所述的客观事物及人物情感进行形象生动的直白陈述。漫瀚调的歌词创作中，大量地运用了"赋"的创作手法。如赞美家园的歌词"红彤彤阳婆，蓝莹莹天，五彩花花开遍大草原。"歌颂蒙汉人民团结的"一苗树，两朵花，蒙汉人民是一家。""牵牛牛开花拧成一股绳，蒙汉人民永远是一条心。"赞美恋人的"白格生生牙牙红嘴唇，毛葫芦花眼眼爱死人"等。

比，在文学修辞中是指"以彼物比此物"，也就是通常所说的比喻。"无喻不成诗"，在漫瀚调的部分唱词中，一般第一句是先言景或物，第二句才引出所要表达的主题，使所言之物活灵活现。比喻句要含有与正句主题贴切的寓意，表达得要既含蓄又通俗，使人自然产生联想。如："山丹丹开花六瓣瓣红，越看妹妹你越喜人。"这句唱词用山丹花比喻心仪的女子，以此来形容心中恋人的美貌和对恋人的爱恋。又如："白萝卜胳膊水萝卜腿，果子花的脸蛋蛋海那花的嘴。"用生产劳作中常见的蔬菜和果子花来比喻美人。这样鲜活的、富有想象力的比喻成就了漫瀚调唱词的浪漫主义色彩。

兴，是"先言他物以引起所咏之词"，一般表现形式为上句先借用其他事物进行陈述，下句转入抒发情感的正题。"兴"有时也含有某种喻义，但不像"比"来的直白明显，仅仅起到一个"引子"的作用。如："天上无云好蓝呀，咱二人见面好难呀。井里头打水斗绳绳断，心爱的小妹妹难捞探。"这句唱词中，前一句的陈述与后一句的直抒胸臆并无直接关联，歌者演唱前一句只是为了引出后一句唱词，并且起着定韵的作用。又如："干牛粪片片厄焰柴，这一遭走了甚会儿来。"虽然第一句也是具有"引子"和定韵作用的起兴句，但却与后一句存在着似有若无的联系，目的是表达期盼情人尽早回来的急切心情。

5.叠词与衬词

漫瀚调唱词中使用了大量的叠词和衬词，目的是加重情感表现力。单个字词加以重叠，在演唱时朗朗上口、情真意切，能大大增加歌曲的生动性、趣味性和亲密性，也能给欣赏者提供更好的带入感和画面感。如《瞭不见妹妹好心慌》：

眼珠珠不转泪花花转，

什么人留下个瞭老汉。

眼珠珠不红眼畔畔红，

心里头麻嗓瞭亲人。

手巾巾揩不净泪眼窝，

毛眼眼忽闪忽闪瞭哥哥。

这首歌词巧妙地运用叠词描写姑娘的美丽动人，表达青年对姑娘的喜爱之情。曲调明朗活泼，唱词形象生动，创作手法独特微妙。

在漫瀚调歌词的创作中，"衬词"也是一大表现手法，在歌曲中起着装饰与美化的作用，给音乐旋律的延展和节奏的构架提供有力的支撑，其音乐性价值远大于其在歌词中的文学意义。衬词的另一个功用是帮助歌手在演唱时进行调节换气。漫瀚调演唱具有即兴编词的特征，许多作品需要歌者临场发挥。衬词的出现可以使歌者在即兴编词时做一下缓冲，从而考虑下一句唱词的编配，使歌曲衔接得更顺畅。

漫瀚调中常出现的单字衬词有"啊""呀""哎""哟"等。如《小黄马》：

> 树树不大哎哟哟哎哟，
> 好呀么阴凉。
> 人人不大你哎哟哎哟哟，
> 好呀好心肠。

常见的二字衬词有"那个""呀么"。如：《掏沙蒿》中的"你拿上镢镢呀我脑（方言，有"扛起"之意）上个锹，咱二人唱上两声掏呀么掏沙蒿"；《巨河滩》中的"巨河滩浇的是黄河河水，浇熟那个麦穗穗交不下个你"等。

常见的多字衬词有"哎哟哟哎哟"，如《二道圪梁》中的："有心翻过哎哟哟哎哟二道圪梁，我那二岁马驹驹哎哟哟哎哟不中用。"

由此可见，在漫瀚调演唱中，这些衬词都无实际词义，却起着调节音节的作用，使唱词更富韵味，也使旋律与唱词融合得更加巧妙，有助于刻画欢快活泼的艺术形象。

欢快明朗唱出豪迈气质

漫瀚调音乐以高亢嘹亮著称，乐曲节奏欢快明朗，旋律跳跃流动，给人以洒脱豪迈之感。其曲调特征主要有以下几个方面：

1.旋律特色

漫瀚调旋律框架是中国传统的五声调式，大多以羽调式、宫调式、商调式为主。旋律结构规整，短小精悍，多以两句式或四句式构成单乐段体，音乐构思完整，两乐句前后呼应，四乐句起承转合形成循环。旋律跌宕起伏，多运用切分节奏和音程大跳，动感十足。例如

《二道圪梁》就是规整的两乐句构成的单乐段曲式。第一乐句为前6小节，由大切分节奏4度跳跃开始，旋律上行后又急转而下回归主音，构成了高亢嘹亮、高低起伏的音乐表现。中间4小节为"过门"连接句，起承上启下作用。第二乐句由11~16小节构成，共6小节，与第一乐句形成对称结构，旋律由高音区开始后急速下行，中间又连续4度跳进后下行回归至主音结束。高低音的起伏流动，形成强烈的内在动力，增加了旋律的律动活力，达成欢快明朗的音乐效果。

二道圪梁

漫 瀚 调
记谱：郭子昂

1=♭E 2/4

6 6 2 | 1̇ 1̇ 3 6 | 5 3 5 | 6 2̇ | 3·6 5 3 | 2 3 1· | 1 — | 1 1 2 3 5

1. 头 一 道 圪 梁 梁 哎 哟 哟 哎 哟 二 一 道 道 洼，
2. 头 一 道 圪 梁 梁 哎 哟 哟 哎 哟 二 一 道 道 洼，

2 1 3 | 2 3 1 6̇) | 2̇·3̇ 1̇ 1̇ 6 | 5 1̇ 6 | 1̇ 1̇ 2̇ 3 | 6·1̇ 5 3 | 2 5 3 | 1 3 6̇·‖

1. 三 一 道 道 圪 梁 梁 哎 哟 哟 哎 咳 哟 哟 双 骑 上 马
2. 三 一 道 道 圪 梁 梁 哎 哟 哟 哎 咳 哟 哟 拉 一 拉 话。

《二道圪梁》谱例

2.节拍特征

漫瀚调音乐多以"二分性"节拍强弱规律来呈现乐曲的节拍特征。因此，在漫瀚调音乐中2/4拍记谱十分常见，4/4拍记谱次之，如《绣花的平绒布靴》就是运用的2/4拍记谱法。

绣花的平绒布靴

漫 瀚 调
记谱：郭子昂

1=D 2/4

5·6 1̇ 2̇ | 3̇ 5 1 | 6 5 6 3̇ | 1̇ — | 5·6 1̇ 2̇ | 3̇ 5 3 | 2 1̇ 1̇ 6 5 5 | 1 —‖

画 着 缝 制 的 平 绒 布 靴 哟， 用 帮 子 踩 地 我 终 于 看 到 了。

《绣花的平绒布靴》谱例

在这首作品当中，主要依据乐句停顿处的尾音时长辨别其2/4拍节拍特征。谱例中第4小节和第8小节中，音乐均以二分音符长音的形式出现，以此体现乐句的停顿。音长则强，长时值的音符能更好体现音乐的节拍重音，从而使听众清晰感受到2/4拍的内在强弱规律。有时停顿处的长音也以附点倒置节奏型的形式出现，其二分性的节奏特点同样能彰显出音乐两拍一个小节的节拍特征，例如《二少爷招兵》：

二少爷招兵

《二少爷招兵》谱例

3.节奏特征

在节奏特征上，漫瀚调以四分、音符、附点、切分、前十六、后十六节奏型为主，少有全十六或更加复杂的节奏型出现。在节奏型的组合呈现上，以前、后十六音符与八分音符的组合居多，在句读停顿处可见二分音符以及附点倒置类节奏型出现，如《二少爷招兵》中的节奏就是如此。

这首漫瀚调的节奏多为前长后短的"扬抑格"节奏型，以及两个八分音符或四分音符进行组合呈现的方式，如谱例中第一行的第1、3小节，第二行的第3、4小节。这样的组合形式以小节为单位，又展现出由繁至简的宏观"抑扬格"特征。在音乐运动展开过程中会产生间接的阻隔，从而促成逐节停顿的效果。这种节奏特征让音乐的"叙述性"更加强烈，使旋律营造出一种"强调语气"来强化歌词中所表述的内容。带有大切分节奏型的曲目如《绣花的平绒布靴》，也呈现出类似的音乐效果。再如《蒙汉兄弟是一家》：

这首漫瀚调相较《二少爷招兵》节奏稍加密集，其中运用了四十六节奏型，同时还引

蒙汉兄弟是一家

漫瀚调
记谱：郭子昂

1=C 2/4

1.山 上 的 青 送（呀 哈）山 下（呀）的 花，
2.山 凭 石 头（呀 哈）树 凭（呀） 根，

蒙 汉 兄 弟（呀 哈）是 一（呀）家。
又 相 帮 来（呀 哈）又 相（呀）亲。

《蒙汉兄弟是一家》谱例

入了前十六节奏型。十六分音符的大量运用让音乐的行进更具动力，乐句间的连贯感也更加强烈。

通过对多首漫瀚调对比还可以发现，虽然不同曲目中节奏密集程度以及节奏型的呈现方式各有不同，但除涉及大切分节奏型及其变体的片段外，多数漫瀚调片段均为每拍两字歌词的样式，每拍两字暗含的是"两个八分音符"的节奏律动，即一拍之内以均等的时长频率演唱两字歌词。在此基础之上，旋律以前后十六、全十六或两个八分音符节奏型的旋律与之形成"一字多音"的搭配，具有一定的二分性动律。综上可看出，漫瀚调的内在节奏律动是构建于八分音符"二分性"之上的。

"一曲多词"注重即兴演绎

在漫瀚调广为传唱的鄂尔多斯地区，蒙汉等各民族人民的生产生活习俗都与音乐紧密相连，无论是节日庆典、婚礼嫁娶，还是"乃日"聚会，都离不开歌声相伴，男女老幼争相高歌，大家乐在其中，美不胜收。

鄂尔多斯各家各户大多备有梅（枚）、四胡、扬琴、三弦、马头琴等乐器，每当节日庆典或劳作休息时，人们都会欢聚在一起，琴瑟齐鸣，把酒欢歌。漫瀚调通常采用鄂尔多斯民歌伴奏样式，结合汉族民歌"打坐腔"的表演形式，在演唱中也用梅（枚）、四胡、扬琴作为伴奏乐器。

在演唱方式上，漫瀚调一般采用独唱或男女对唱，常在室内演唱。同时又受到晋陕汉族民歌信天游和山歌的影响，演唱者时常采用"一曲多词""即兴编词"的填词形式。由于男女对唱具有竞赛的性质，因此即兴编创的能力也成为衡量一个歌手技艺水平高低的重要标准。歌者在演唱时常常突破鄂尔多斯民歌"一曲一词"的固定格式，在对歌中你来我往、互问互答，大量运用排比、抒情的句式，将即兴填词的能力发挥到极致。如漫瀚调《北京喇嘛》，其母曲是同名的蒙古族鄂尔多斯短调民歌，在实际演唱中，歌手在原曲调基础上即兴填入汉语唱词，几乎不会使用原本的蒙语歌词。《北京喇嘛》蒙语原词大意是："望见那散落的尘埃呦，莫不是那污白马扬起的尘埃，想念着手搭凉棚瞭望，是我那怀念的萨木亚走来。望见那飞扬的尘埃呦，莫不是那沙毛马扬起的尘埃，惦记思念着仔细瞭望，是我那渴望的萨木亚到来。"是以思念的情绪来演唱，节奏较慢。而漫瀚调《北京喇嘛》则是以多词的形式表现的，节奏较快：

三十里的明沙二十里的水，

五十里的路上来眊亲亲你，

半个月眊了你十五回，

因为眊你跑成我个罗圈腿。

东井上吃水我去西井上担，

因为眊你我绕了个大把弯，

白石头沟里担了一担水，

枉下辛苦我白呀白跑腿。

演唱技巧方面，漫瀚调也是借鉴晋陕山歌和信天游等汉族民歌演唱技法大体分三种类型。

一种是以本嗓真声为基础演唱，发声以真声为主，多运用在女声演唱中。这种唱腔多用于叙事性强的漫瀚调曲目，以《为亲亲买了只渡口船》《王爱召》《黄河水隔在咱两头起》为代表。在演唱此类曲目时，需要运用真声声腔，采用述说式的演唱，表现诙谐幽默、质朴生

内蒙古乌拉特中旗体育场，当地艺术团艺人在演唱漫瀚调　支茂盛摄

动的情感，这样的表演方式使漫瀚调具有强烈的叙事性色彩。

第二种是真假声交替使用的演唱方法，通常用于男声演唱中。歌者在演唱低音区时多运用真声，在中音区转入高音区时完成真假声转换，转入高音区后便大量运用假声演唱，并融入少许真声，以求在声音上达到统一。这样真假声交替使用的声腔具有音域宽广、粗犷明亮的特点。

第三种是男女声同腔同调，这也是漫瀚调最为突出的一种演唱技巧。由于男女声音特质存在差异，通常无法在同一音域进行演唱。本就以女声音域为主调的漫瀚调，经过长期的探索尝试，发明出一种适用于男声的演唱技巧，即高腔。高腔就是使用假声进行演唱，这样男声便可与女声演唱同一音区、同一音高的作品。女腔保持真声，男腔则用明亮尖锐的假声，演唱时二者情绪相互呼应，为漫瀚调增添了一种与众不同的艺术魅力。

漫瀚调这种独特的民间艺术，是草原文化和黄河文化碰撞的产物，也是农耕文明与游牧文明融合的典范。它作为在特定的历史条件与地域环境下，蒙汉两族人民共同创造的艺术结晶，是蒙汉两族人民和谐相处、团结互助、水乳交融的象征。漫瀚调孕育成长于准格尔旗，在准格尔旗历史发展进程中，对当地百姓的文化、经济、政治生活等方方面面发挥了积极的影响和促进作用。

这种有着近百年历史的国家级非物质文化遗产，真实记录了蒙汉两族的共生与共荣，它散发着浓郁淳朴的乡土气息，表达着人民纯洁真挚的内心情感，体现着蒙汉两族人民共同的精神内核。其高亢豪迈的唱腔与质朴清新的旋律，表现出了准格尔旗人民的炽热与率真。它的文化艺术价值不仅仅是娱乐大众、教育引导，更重要的是作为一种文化交融的标志性符号，见证了蒙汉两个民族的发展、变迁。

在中华文化的大家园里，漫瀚调凭借自身鲜明的特色，彰显出中华文明"一体多元"的独特魅力，它继承着奔涌不息的大河精神，闪烁着与时俱进的时代之光，在这广袤的黄河几字弯中，自强不息，继往开来，阔步前行。

黄河流经内蒙古鄂尔多斯　视觉中国供图

内蒙古大草原景色　视觉中国供图

蒙古族长短调：
驰骋的音符不停步

黄河与草原，相互成就了自身的永恒。各具特色的文化依河而生，亦在光阴流转中，延展出不朽的生命力。滚滚东去的黄河绵延万里，为流域沿岸涵养出无穷的生机，也孕育出无数文明的闪光点。黄河文化在不同的地理区位上特色各异。主流观点认为，黄河上游以形态多元的陇右文化为主，在中游以中原文化为代表，到了下游则以齐鲁文化为主流。

文化概念中的"陇右"，兼容了青藏高原、内蒙古高原和黄土高原多民族文化之长，经过不断汇融陶冶，形成了包罗万象的模样。其中，源远流长的草原文化，成为黄河文化序列中一颗非常耀眼的明珠。

得益于黄河水的灌溉，河套地区有着历史悠久的农牧传统。这里的天空中响彻着漫瀚调、二人台的旋律，同时还有着一首首曲调悠长、赏心悦耳的蒙古族民歌。蒙古族人民将他们的民歌之丰富比喻为"多如牛毛"，称"唱了三年，才唱了一只牛耳朵"。这里的民歌具有草原民族的独特风韵，不论高亢嘹亮，还是低吟回荡，都充分表现出蒙古族人民质朴、爽朗、热情、豪放的草原民族风格。尤其是被称为"草原音乐活化石"的蒙古族长调、短调民歌，是千百年来最受蒙古族人民最喜爱的民歌形式。

蒙古族长调，纵横天地间的从容旷远

"天苍苍，野茫茫，风吹草低见牛羊。"这首流传甚广的北朝民歌，用极简的笔触，勾勒出内蒙古高原的壮美风景。在这样广阔的天地间，草原人民的艺术灵感如信马由缰，无拘无束地奔涌出来。

长调响起，或在高云端，或在朔风里。内蒙古广袤的大地上，长调流淌过的岁月，像星光月华一样恒久闪烁。"长调"的蒙古语发音为"乌尔汀哆"，是长久、永恒的意思，也有人将其直译为"长歌"。它具有鲜明游牧文化特征，演唱形式独特，旋律悠长舒缓，意境开阔。早在一千多年前，蒙古族的祖先们走出额尔古纳河两岸的山林地带，向蒙古高原迁徙，生产方式也随之由狩猎型转变为畜牧型，这给了"长调"这一新的民歌品种得以诞生和发展起来的空间和土壤。在相当长的历史时期内，长调音乐逐渐取代了原本结构方整的狩猎歌曲，占据了蒙古民歌的主导地位，最终形成了代表蒙古族音乐的典型风格，并且对蒙古族的其他音乐分支类型均产生了较为深刻的影响。可以说，长调音乐集中体现了蒙古游牧文化的独特风格，几乎贯穿于蒙古民族的全部历史和社会生活中。从发展来看，蒙古族长调民歌经历了三个历史时期：山林狩猎音乐文化时期、草原游牧音乐文化时期、亦农亦牧音乐文化时期。

蒙古族长调民歌的创作与牧民的田园式生活紧密相连，体现的是蒙古族延续至今的生活方式。它是由北方草原游牧民族在畜牧业生产劳动中创造的，源自游牧生活中的所见所思，反映了蒙古族人民的生活、情感和信仰。最初是牧民们劳作间隙的简单吟唱，后来逐渐发展成了较为定型的长调民歌形式，主要用于野外放牧和传统节庆时演唱。歌者根据生活积累和对自然的感悟来自由发挥，题材内容大多是描写草原、骏马、骆驼、牛羊、蓝天、白云、江河、湖泊等。它以草原人特有的语言，唱出蒙古民族对历史文化、人文习俗以及道德、哲学和艺术的感悟，是蒙古族人民表达情感、传递信息的重要手段。长调民歌字少腔长，舒缓自由，既能叙事，也可抒情，给人以潇洒飘逸的听觉感受。

大多数的蒙古族长调为抒情歌曲，由采用大量装饰音的旋律构成，音调高亢，音域宽广，曲调优美流畅，旋律起伏较大，节奏自由而悠长。曲式结构以上下句构成的乐段较为常见，也有复乐段乃至多乐段构成的联句体，以非完整性结构居多。歌词多以两行为一段，在不同的韵步上反复叠唱。词曲结合上"腔多字少"，常用甩腔和华彩性拖腔，以各种装饰音

蒙古锡林郭勒大草原上的蒙古汉子和他的蒙古马　视觉中国供图

（诺古拉）点缀旋律。不同地域的蒙古族长调民歌，风格和流派也不尽相同，大体上分为三种：一是"豪放派"，流行于内蒙古东部呼伦贝尔一带，其风格热烈奔放、炽烈雄健；二是"婉约派"，主要位于内蒙古中部锡林郭勒等地，擅长以细腻抒情的曲调打动人心；三是"古朴派"，盛行于鄂尔多斯与阿拉善周围，其风格苍劲质朴，富于古典美。

河套平原上的鄂尔多斯，处于黄河"几"字弯腹地，这里流行的长调民歌旋律悠扬奔放，节奏自由多变，演唱技巧独特，往往在长音的中间部分夹杂幅度很大的颤音，从而营造一种旷远、从容的意境。具有代表性的作品有《乌甘汗台》《成吉思汗的两匹骏马》《圣主骏马》《班禅庙》《绵羊白的房子》《朝政大厦》《图日勒格》《嘉庆仁宗皇帝》《高高的吉米梁》等。

鄂尔多斯长调民歌中最为尊贵典雅的部分，当数库布齐沙漠一带的"古如歌"。"古如"，蒙古语意为"国度"或"朝政"。古如歌正是源自800多年前的蒙古王庭，被誉为"成

蒙古族长调民歌非遗传承人在比赛前留影　王将摄

乌兰牧骑的队员在敕勒川草原为游客表演歌舞节目　视觉中国供图

吉思汗的国歌"。古如歌长期传承于鄂尔多斯杭锦旗沿河一带，我们可以从这种曾经的宫廷赞歌中，窥探到蒙古宫廷礼仪音乐的独特风貌。

与其他较为自由的长调民歌不同，古如歌内容较为正统，以赞美家乡、感恩父母、说教明理等题材为主。一般在较为盛大的仪式上演唱，表演形式庄严，由羽调式"图日勒格"开场，众人以单旋律齐唱，唱腔由四句式曲调构成，为了维护肃穆的氛围，唱词不能有修饰及更改。接下来会接上三首"主歌"，均采用四行歌词的民间诗歌形式，由多段体形式组成。主歌之后，又返回到旋律明亮的宫调式"图日勒格"，继而结束演唱。

古如歌浸透着蒙古族人民对民族光荣历史的怀念，也体现着他们对于自然和人文的深刻认知。比如代表作《成吉思汗的两匹骏马》中，就充溢着悲天悯人的强烈情感：

> 阿尔泰杭盖是大地之高处，
>
> 不知那苍天之神驹是否安好？
>
> 但愿你没有被冰冷的嚼子束缚，
>
> 但愿你没有汗湿马鞍的重负，
>
> 但愿你在丰美草场上驰骋，
>
> 但愿你能畅饮圣洁的泉。

然而，古如歌由于受众面小，一度面临传承中断、人才凋零的危机，但它在记录历史和民俗研究上的价值被越来越多的人重视起来。2008年，"古如歌"被列入第二批国家级非物质文化遗产名录，得以在保护中发展传承下去。

蒙古族短调，轻灵婉转中的异彩纷呈

与深沉悠扬的长调相对的，是轻灵婉转的蒙古族短调。短调，蒙语发音为"宝古尼道"，以篇幅短小精悍，节奏明朗有力，曲调欢快活泼，旋律悦耳动听而著称。其调式以一般性的羽调式为主，也有宫、商、角、徵等调式融入。多以五声音阶构成，也有部分歌曲拥有六声、七声音阶。歌曲题材包括牧歌、酒歌、儿歌、摇篮曲、葬礼歌、祭祀歌等。

不同于长调的庄重古朴，短调具有更强的节奏感。它音域较窄，音程较小，音程范围一般在一个八度之间。这种较窄的音域使得短调的旋律更加紧凑、集中。曲调通常简洁明了，每个乐句和节奏的结构清晰，常以两字节为一个完整乐段，装饰音较少，带有鲜明的宣叙性特征。节奏多采用单一节拍，曲式多为对称的方整性结构。除大量上下句乐段结构之外，也有三句、四句、五句乃至更多乐句所构成的复杂曲式。歌词简单但不呆板，多运用叠字，在不同音韵上反复叠唱。其旋律流畅，感染力强，适用于展现欢快的主题。短调音乐经常用马头琴、四胡、三弦等作为配器，更显灵动飞逸，因而很适合与舞蹈、说唱、戏剧等艺术形式融合起来。

短调歌曲由于旋律好上口，易学易唱，所以具有更广泛的群众基础，民间色彩也更强烈。它的题材之广，数量之大，种类之多，是蒙古族各种艺术中首屈一指的，其内容几乎涉及蒙古人社会生活的各个领域。短调是伴随着蒙古民族的发展成长起来的。早在蒙古族处于分散式狩猎游牧时期时，一些节奏明快、带有浓厚原始色彩的短调歌曲便已经诞生了。成吉思汗统一蒙古后，蒙古帝国的壮大让蒙古音乐飞速发展，也将短调音乐带入了繁盛期。这一时期的短调歌曲是蒙古族歌曲的重要组成部分，代表性作品有战歌《江沐涟之歌》《蒙古军歌》；集体歌舞，如各种踏歌《顿踏歌》《鞭鼓海青舞》《迭卜先》；宴乐歌舞《海青啄小鱼》；出征、誓师歌舞、武士思乡歌《母子歌》《阿莱钦柏之歌》《和林城谣》等。

清代时，政府对内蒙古地区施行"移民实边"政策，鄂尔多斯地区人民逐渐形成了以定居放牧和半农半牧为主的生产生活方式。与游牧式生产方式相比，牧民们有了相对稳定的生产场所，不用再逐水草而居、被迫在大草原上四处迁徙，生活变得规律起来。在这样的社会环境下，短调歌曲大量涌现，歌曲的哲理性和艺术性都得到了很大提升。民间开始出现职业或者半职业的音乐从业者。这些游走于各地，在仪式上献唱的歌唱艺人，对短调民歌的创作、传承贡献了自己的力量。此时的短调歌曲内容也丰富起来，题材更加广泛，形式更加多样，无论是重大的社会事件，还是日常生活中的亲情、友情、爱情，在短调歌曲中都有所反映。比如，《引狼入室的李鸿章》《高高在上的老爷们》是讽喻时政的短调民歌，《森吉德玛》《龙梅》等是展现爱情的短调民歌。这一时期，蒙古族短调也开始跟其他民族的民歌相互融合，诞生出很多新生曲种，比如爬山调等。

蒙古族短调民歌的歌词句式讲究、寓意深刻，大量使用比喻和排比等手法，具有很强的

歌手们在演唱蒙古族短调民歌　中新社记者　何蓬磊摄

文学性。很多歌词脱胎于蒙古族的民间诗歌、谚语、祝赞词等。比如鄂尔多斯民歌《高山巅》，以托物言志的谚语开篇：

> 高高的山巅上，
> 雨水不会积存。
> 高傲自大的人，
> 福禄不会永存。

在情节转换时，则用：

> 磨盘筛子驮起来，
> 一个轻来一个重。
> 贤人傻子聊起来，
> 你说西来他道东。

以生动形象的比喻来推动叙事节奏，兼具浅显易懂的说理和妙趣横生的叙事，听起来平易近人、贴近生活。

草原壮歌　经典永传唱

长短调民歌伴随着蒙古族牧民的生活，代代传唱，生生不息。

无论是长调还是短调，都在极尽热烈地歌颂着自然。歌词中常常出现河山大地、行云长风、草原骏马等元素。蒙古族世代生活的草原沙漠，是民歌最好的灵感来源。人们以歌叙事、以唱言志，歌唱已经成为深入他们灵魂的天赋。蒙古族人民对生命的尊重和对自然的崇敬，以歌声作为注脚，在代代吟唱中传承记录了下来。

在这片天高地迥的土地上，有太多可以讲述的故事。如史诗《嘎达梅林》，以民歌为载体，一直传唱至今。新中国成立以后，蒙古族人民得到彻底的翻身和解放，蒙古族民歌也进入了全新的发展繁荣阶段。

驰骋于内蒙古自治区各地乡村牧区的"乌兰牧骑"，是传承蒙古族民歌的重要力量。乌兰牧骑，意为"红色的嫩芽"，它还有一个响亮的名字叫作"红色文艺轻骑兵"。自1957年6月，第一支乌兰牧骑在内蒙古锡林郭勒盟苏尼特右旗建立以来，在数十年的岁月里，乌兰牧骑队员们肩负着以文艺鼓舞人心的使命，不畏偏远辛劳，为基层群众送去精彩的文艺演出，也铸就了独特的"乌兰牧骑精神"。因为演出条件的限制，乌兰牧骑队员大多"一专多能"，对各种文艺形式都有涉猎。除了演绎传统曲目之外，各支乌兰牧骑每年都还要创作出一些声乐、器乐、舞蹈类的优秀作品。

而在今天，作为一种精神传承的"乌兰牧骑"，吸引了众多文艺院团、专业院校演出团体、企业演艺团体、民间艺术组织的纷纷加入，为传递蒙古民族文化艺术奉献薪火。更为可喜的是，乌兰牧骑还走出草原，到全国各地甚至世界各地表演，让蒙古族民歌传唱到国际上去，成为推广"一带一路"倡议和黄河文化的活跃力量。

随着时代的发展，蒙古族长短调民歌也自觉地融入更多的现代化元素，逐渐找到了自身定位，从而开启了不同凡响的创新发展之路。很多蒙古族民歌经过全新编创之后，获得了极高的人气。比如著名歌唱家胡松华的《赞歌》，融合了蒙古族长短调民歌的演唱技巧，抒发

歌手在呼和浩特市如意广场上演唱蒙古族歌曲《黑骏马》 王正摄

歌手在内蒙古曲艺春晚上表演祝词、陶力、古如歌《礼赞新时代》 王正摄

出内蒙古人民欢聚一堂，纵情高歌、举杯欢庆翻身做主人的激动心情，在20世纪60年代享誉全国。后来，德德玛、乌兰托娅、布仁巴雅尔等民歌演唱家，都善于将蒙古族民歌的独特韵味与现代人情感表达方式相结合，唱响了一首首脍炙人口的"新民歌"。这种创新，很好地利用了蒙古族长短调民歌的优长，但毫不冲淡蒙古族民歌的原汁原味。

在流行音乐界，蒙古族民歌凭借独特的演唱方式让人过耳难忘。如广受听众喜爱的腾格尔，在其代表作《天堂》《苍狼大地》等歌曲中，便运用了蒙古族长短调民歌的演唱方法。由玲花演唱的《乌兰巴托的夜》，以优美的旋律让人沉醉于蒙古族民歌的独特魅力中。由呼斯楞演唱的《鸿雁》，更是既继承了蒙古族短调民歌的传统元素，并增添了许多新时代蒙古族民歌的新鲜内容。尤其值得一提的是，很多蒙古族音乐人，将传统民歌和现代音乐相融合，创作出富有内蒙古特色的摇滚风格乐曲。比如杭盖乐队的《丁吉图湾》《北边的芨芨草》、九宝乐队的《特斯河之赞》等音乐，不仅唱红全国，也在世界上享有一定的声誉。

由此可见，蒙古族长短调民歌凭借着开放、包容、不断创新的精神，赋予了自身无穷的生命力和丰富的时代感，因而得到了各族人民的普遍喜爱。正如黄河一路东行，骏马不停驰骋一样，蒙古族长短调有着属于自己的根系和前路。这里的人民心怀不竭的热情和深沉的爱意，立足广袤的草原，收获不竭的灵感，将民歌的火种代代传递，永不熄灭。

古族长调民歌国家级传承人阿拉坦其其格率领草原之声内蒙古长调演唱团在中山公园音乐堂演唱
古族长调《辽阔富饶的阿拉善》《走马》 郭俊锋摄

蒙古族长调民歌非遗传承大赛前，喀尔喀蒙古族长调民歌非遗传承人
在平山湖大峡谷景区共同演唱喀尔喀蒙古族长调民歌　王将摄

草原上奔跑的骏马 视觉中国供图

马头琴音乐:

声闻草原的流响

在内蒙古的茫茫大草原上,如果你奔放的思绪忽而凝住不动,那一定是被马头琴的声音所吸引了。那凝结在琴弦上的婉转情愫,比黄河还要悠长。

"有匹马儿歌声美,只有头来没有腿;没有腿,跑得快,跑遍草原人人爱。"这匹有头没腿歌声美的"马儿",就是马头琴——一种草原人民喜闻乐见的乐器,它与呼麦、长调并称为"草原音乐三宝",成为蒙古族音乐的代表和象征。

2006年,经国务院批准,蒙古族马头琴音乐被列入第一批国家级非物质文化遗产名录。从文化人类学的角度来看,马头琴反映了蒙古族人民的生活方式、价值观念和审美情趣。对于蒙古族人来说,马头琴不仅仅是一件乐器,同时也是情感和精神依托,它蕴含着草原人民与自然和谐相处的智慧,承载着草原人民历史和文化的记忆,是我们研究理解和传承发展草原文化的重要载体。

"莫琳胡尔"的前世今生

马头琴,蒙古语为"莫琳胡尔",也称"潮尔""绰尔",意为"带马头的琴",是一种蒙古族传统弓弦乐器,具有悠久的历史和丰富的文化内涵。从事音乐史研究的专家们普遍认为,马头琴发展历史悠久,其起源最早可以追溯到古代匈奴时期，唐、宋、元、明、清历朝历代都有所记载。马头琴经历了由弹拨类乐器到弓弦类乐器的演变，以及形制和演奏技法的不断演变，最终在清末民初形成了马首造型的梯形弓弦类形制乐器，这才是今天我们所见到的马头琴。

唐代诗人岑参在《白雪歌送武判官归京》中写道："中军置酒饮归客，胡琴琵琶与羌笛"，胡琴是对当时我国北方少数民族地区和西域地区乐器的一种泛称。有学者认为，唐代所说的胡琴应该是琵琶一类的弹拨乐器。北宋沈括有诗云："马尾胡琴随汉车，曲声犹自怨单于。弯弓莫射云中雁，归雁如今不寄书"，可知北宋时期的胡琴已经演变为一种拉奏式的弓弦乐器。虽然史料中对这种乐器的形制没有具体的描述和记载，但学者认为这种弓弦类乐器正是由弹拨类乐器演变而来的 "火不思"（突厥语 "qobuz" 的音译）——即马头琴的远祖。

拉马头琴的蒙古族老人（雕塑）　内蒙古额尔古纳民族博物馆藏

到了蒙元时期，马尾胡琴被称为"胡兀尔"（圆筒形共鸣体胡琴）或"潮兀尔"（半瓶楂共鸣体胡琴）。《元史·礼乐志》记载："胡琴，制如火不思，卷颈龙首，二弦，用弓捩之。弓之弦以马尾。""捩"就是扭转的意思，可知此时的马尾胡琴的琴弓是在两弦之外，这与现在的马头琴形制已极为相似，只是其共鸣箱还是半切的梨形，状如琵琶。

元朝时，马尾胡琴不但被列入"国乐"，还广泛应用于宫廷宴乐演奏、祭祀活动和军队

草原上的马头琴　视觉中国供图

演奏马头琴的蒙古人铜像（浮雕）　视觉中国供图　　　　呼和诺尔风景区内的马头琴造型温度计　刘兆明摄

战争演奏等各个方面。明清两代，统治者对于马尾胡琴及其音乐采取较为开明和包容的态度，从而使得这一乐器得以传承和继续演变发展，促成了马头琴的产生。

由此可见，马头琴既是历史和文化沉淀的结果，也是各民族间交往、交流、交融共通的见证。今天，我们传承和发展中华优秀传统文化，需要从历史的渊源和文化的赓续关系上入手，运用历史的、发展的和联系的眼光看待各民族历史文化的多元一体格局，从而更好地进行创造性转化和创新性发展。

天赐神骏　化而为琴

一千多年的演变发展，造就了现代马头琴的样式——琴身修长，琴头雕刻成惟妙惟肖的马首形状，两根粗壮的琴弦由数十根尾捻制而成，共鸣箱呈上窄下宽的梯形，古朴而精美。这样独特的形制是对草原骏马"立马"形象的艺术化再现，具有强烈的视觉冲击力和艺术感

马头琴与马头琴演奏者　房世强摄

染力。表达了蒙古民族对马的崇敬、依赖和深厚情感。

关于马头琴的起源，民间传说众多，版本不一。但这些传说都有一个共同的主角——一匹健美、勇敢、勤劳、坚强且具有神性的蒙古骏马。马头琴的产生不仅映射出马对草原和草原人民的重要意义，也是草原人民对于真善美认同和追求的一种物化表达。蒙古族音乐家科尔沁夫在谈起马头琴的形成过程时说道：马儿是游牧民族生活中的伴侣、生产中的工具、战争中的利器，是集勇气、力量和荣誉于一身的具有灵性的动物，与其他动物崇拜相比，马更具有图腾的意义，在蒙古族的神话传说中，草原上的第一匹骏马是天上遣下的神马。这是马头琴诞生的思想根源。

正是由于马在草原牧民心中的神圣地位，马头琴也在草原文化中具有了神圣的意义。牧民们相信，马头琴的声音能够召唤神灵，带来好运。相传有一位叫布仁巴雅尔的老人用一生的时间制作了一把马头琴来演奏，他的琴声美妙动人，吸引了许多人来听，甚至打动了天神，于是天神赐给他长寿和幸福。因此，每逢重要的节日和庆典，牧民们都会聚集在一起，共同演奏马头琴，祈求神灵的庇佑。

马头琴的制作、使用以及存放都有严格的规矩和禁忌。牧民们认为，用以制作琴弦和琴

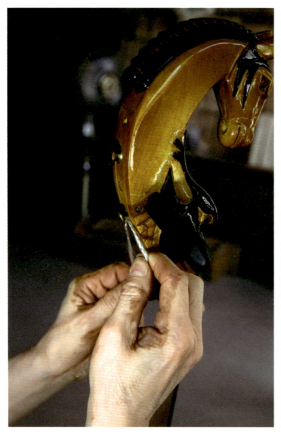
马头琴的制作　白英摄

马头琴的制作　视觉中国供图

弓的马尾必须选自健康强壮的马匹。制作完成后，须经由德高望重的长者通过特殊的开琴仪式为马头琴注入灵性，才能使琴的音色更加优美、演奏更具力量。演奏者也需要用心弹奏，过程中的任何杂念都会影响马头琴的音质和灵性。不仅如此，马头琴一定要存放在蒙古包的上首位，不能随意摆放，更不能放在不洁之地。这些富有神秘色彩的规矩和禁忌本身，也成了马头琴艺术的重要组成部分。

一声琴响　万般柔肠

在蒙古族音乐中，马头琴音乐的地位举足轻重，有"草原上的歌声"和"草原钢琴"等美誉。它的音色丰富且独特：时而柔美而圆润，擅长表现婉转抒情的曲调；时而深沉而洪阔，用以表现广阔雄浑的意境。有一种无法阻挡的穿透力。最重要的是，它还能够惟妙惟肖地模仿马的各种嘶鸣声，这是其他任何一种乐器都难以比拟的。马头琴这种独特的音色张力，既得益于其制作材料和制作工艺，也得益于现代马头琴丰富且成熟的演奏技法。

马头琴舞蹈表演　内蒙古赤峰市克什克腾旗文化馆供图

　　马头琴由共鸣箱、琴头、琴杆、弦轴、琴弦和琴弓等部分组成。琴身通常由榆木、色木、枫木等硬木制成，上下框板的中央开通孔插入琴杆，左右两侧板上分别开音孔，具有很好的共振效果。内外两根琴弦，每根都由数十根乃至数百根的马尾毛梳成一束，平行拉紧于琴上，与琴箱形成共鸣。由马尾毛制成的琴弓，具有很好的弹性和摩擦力。用马尾弓摩擦马尾弦，发出浑厚悠扬、婉转动听的声音，这在中外拉弦乐器中都是极为独特的存在。

　　马头琴的演奏技巧丰富多样，主要包括弓法和指法两个方面：右手的弓法有长弓、半弓、短弓、跳弓、连弓、连跳弓、顿弓、打弓、击弓、碎弓和抖弓等；左手的指法有弹音、挑音、颤指、滑音、双音、拨弦、揉弦和泛音等。演奏者通过弹拨、拉弦、滑音以及改变弓的压力和速度等方式，使马头琴产生不同的音色和音调，从而达到强烈的音乐表现力。

　　马头琴音乐之所以能有如此强的艺术感染力，一方面是与自然相通、与草原共鸣，另一方面是与游牧生活相通、与牧民精神共鸣。马头琴对于草原和草原人民而言，既是倾诉和呐喊，也是抚育和陪伴。马头琴的悠扬是对碧草蓝天、宁静和谐的歌咏，马头琴的深沉则是对草原广阔寂寥、风吹草响的和声。牧民们在放牧闲暇时拉响一曲马头琴，悠扬琴声倾诉出他们心中的恢意和豪迈，也抚慰了他们的孤独和忧伤。这种陪伴与共鸣，正是马头琴艺术得以传承和发展的动力和源泉。

当今，马头琴表演艺术家们除了传承和发扬传统马头琴演奏技法，还借鉴融合了其他民族乐器和西洋乐器的演奏手法。这不仅丰富和提升了马头琴的表演方式和艺术表现力，也在一定意义上推动了民族乐器的国际化传播。比如马头琴演奏大师齐·宝力高，他曾向马头琴大师桑都仍等人学习马头琴演奏，同时也钻研小提琴演奏技法。他巧妙地将小提琴的"跳弓""快弓"等技法融入马头琴演奏中来，极大地丰富了马头琴的表现形式和艺术张力。此外，为了进一步提升马头琴代表作品《万马奔腾》的音乐效果，齐·宝力高做出了一个有重大的创新：将马头琴琴弓上的木质材料替换为制作小提琴琴弓的巴西苏木，这种更富有弹性的木材，大大提高了马头琴的传声速度，为马头琴演奏技艺注入了新的生命力。

随着时代的发展，越来越多的国内外音乐家开始关注马头琴和马头琴音乐，并将其融合到自己的音乐创作当中，助推马头琴音乐及马头琴文化走向了更加广阔的舞台。如今的马头琴已经走出了草原，走向了世界。它将继续承载着蒙古族人民的精神内核，带世界各地的人们领略自由、淳朴、热情、厚重的草原文化之美。

马头琴演奏大师齐·宝力高在舞台表演　孙新明摄

二届鄂尔多斯国际那达慕大会暨内蒙古自治区首届体育大会上，
头琴齐奏《万马奔腾》　卢旭摄

内蒙古呼和浩特市马头琴桥冬季夜景 | 视觉中国供图

第二章

千古风月

黄河壶口瀑布景观　视觉中国供图

陕西波浪谷景区红砂岩　视觉中国供图

榆林小曲：

最是乡音解乡愁

有一种曲艺，虽诞生于北方边塞之地，听起来却似江南小调。

这种曲艺，发源于五百多年前，兴盛于近两百年前，却被称为江南丝竹音乐的"活化石"。

这种曲艺，融宫廷音乐、南方音乐与陕北音乐为一体，却被称为边塞文化的代表之一。

它，就是榆林小曲，又称榆林清唱曲、府谷小曲，是一种带有乐器伴奏的坐唱艺术。它起源于陕北府谷县，曾在陕北神木、府谷以及晋北和内蒙古的部分地区广泛流传。现如今，仅流传于榆林一城，是典型的"市民音乐"。

2006年5月，经国务院批准，榆林小曲被列入第一批国家级非物质文化遗产名录。

夜半曲声听满城

陕北是歌的海洋。在大多数人的印象中，陕北民歌就是高亢嘹亮的信天游。但是，当你聆听了榆林小曲，不免会产生好奇，陕北怎么会有如此动听的江南小曲呢？

独特的地理环境造就了别样的文化。榆林小曲的起源还得从沙漠绿洲榆林市说起。

榆林市，古称上郡，别称驼城、塞上明珠等，位于陕西省最北部，系陕西、甘肃、宁夏、内蒙古、山西五省（区）交界处，是黄土高原与内蒙古高原的过渡区。历史上，羌、胡、突厥等少数民族在此迁徙频繁，逐渐成为兵家必争之地。据《榆林府志》载：自明成化九年（1473）建立卫城，大量移民实边，榆林便成为我国九边重镇之一，常年屯驻重兵。

古时，为了镇守边塞，一些外省官员被派到榆林就任。据载，其中祖籍为江浙一带的官员就占了外省官员总数的百分之七十以上，这种现象在榆林民间被称作"南官北坐"。古代交通不便，南方官员到任榆林后往往数年不归。为了消解思乡之愁，这些官员上任时，一般都带有内眷和随从，其中就有一些擅长演奏江南小调的乐人，供主人闲暇之余听曲怡情，或宴请宾客时"唱堂会"助兴。这便是榆林小调的源头。

据榆林小曲的代表性传承人王青介绍，他祖上就是当年戍守边塞的江苏武官。当年家里的仆从基本上都会唱江南小调。现在家里珍藏的几件老乐器都是祖辈传下来的，有近200年的历史了。

乾隆年间《御批通鉴辑览》载：明正德十三年（1518）七月，明武宗出京巡边，到达榆林后，住在凯歌楼上，纳延绥总兵戴钦之女为妃，大征乐女，宴饮取乐，历时三月之久。相传，有一天明武宗心血来潮，想听乡野小调，便下令征调太原府当红歌女刘杨氏进行宫献艺。刘杨氏声音有点细弱，明武宗面露不悦。一旁的太监们见状，生怕明武宗怪罪，也都跟着唱起来。太监嗓音尖细，听起来像女人的声音，逗得明武宗哈哈大笑，也惹得城内百姓驻足聆听。还有一次，一队乐人为明武宗演奏扬州清曲，琴弦突然断裂，明武宗大怒，命人将乐人推下去斩首。戴妃苦苦哀求，明武宗便把他们赶出宫廷，永不召用。乐人们走投无路，善良的榆林城人便收留了他们，并拜他们为师，学唱小曲。

明武宗离开榆林后，宫廷音乐逐渐走向了民间。城中百姓根据记忆，整理出了唱词，按照"一般一人演唱，间有对唱或对白，男扮女声，真假嗓交替"的方式，自娱自乐。自此，榆林小曲渐具雏形。

清初，天下初定，百废待兴，移民充边，各地人才汇聚于榆林，促成了各类文化的交流和融合。榆林小曲在这种条件下臻于完善，形成了新的曲艺种类。据《榆林府志》载：清康熙九年（1670），江南的谭吉璁（字舟石，浙江嘉兴人）任榆林堡同知，来榆时带了家眷、

梁梅（左一）等在表演榆林小曲《卖杂货》 庄文斌摄

使女、歌伎和乐器，闲暇时常演唱绍音以求乐。又载：清康熙十二年（1673）后，榆林城内"文艺甚繁"，经常是"夜半曲声听满城"，凯歌楼上时有"羌笛吹新调，秦筝弄急弦"。清同治七年（1868），湘军出身的刘厚基出任榆林府总兵，榆林的局面焕然一新。《榆林县志》记载：刘厚基看到的景象是"观榆地瘠苦，诸务废弛"，便垦荒戍守，组织缁运队，发展商业，还"兴文设义塾，刊教民歌，修书院择俊秀子弟就学……一时科名文兴，文武取榜中额者增倍。"刘厚基在任时期大兴文化，推进了榆林小曲的发展。

同时，左宗棠部湘军前锋刘松山带来的"湘楚乐"与榆林本地民歌融合，亦推进了榆林小曲走向繁荣。

由此可见，榆林小曲是在不同时期、从不同渠道吸收借鉴了不同地方音乐后逐渐形成的曲艺种类，具有多源性，可谓边塞文化的杰出代表。

南调北唱叙乡情

十里不同风，百里不同俗。陕北人民爱好歌舞，一年四季歌声不断。春节期间扭秧歌、看小戏；元宵节灯会和四月初八的庙会上有戏曲、说书；节假日里有县剧团的秦腔大戏；平日里可以尽情地唱信天游；丧礼上有寺庙乐僧和吹鼓手。

榆林小曲的基本曲目、伴奏乐器、音乐风格等与江浙、湘楚小调有很多相似之处，与陕北高原的乡土音乐如信天游、二人台、道情、说书调、秧歌调等存在明显的地域差别，能在众多的曲艺中脱颖而出，有几个主要原因：

一是与榆林地区人口构成有关。榆林城区的居民有许多是戍边将领的后代。榆林小曲器乐之间默契配合，以柔媚婉转的江南丝竹为主，粗犷豪迈的边塞之音为辅，让人时而宛如置身江南水乡，时而宛如回到大漠边关，于潜移默化间引发了怀古思乡之情。此外，榆林小曲较少有程式化的表演模式，表演者兴起时，可以忽地站起走动，增添手势、肢体动作，动静结合，十分尽兴。加之，榆林小曲节奏明快，牵动人心，不管是演唱者还是听众，都沉浸其中。

二是与榆林小曲的特点有关。榆林小曲结构分为小调（单曲）和联唱（联套）两种形式，朗朗上口，便于记忆。演员无职业限制，不用化妆，没有道具戏服，也不需要专门的表演舞台，演出时间也不受限制，完全是三五同好的兴趣使然。劳作完毕有兴致了，或者有人发出邀请了，大家便互相传告，蜂拥而至，随兴而歌。正是因为比较亲民和日常，所以榆林小曲

榆林小曲表演者在庭院中表演（左四为榆林小曲市级非遗传承人梁梅）　梁梅供图

才在陕北扎下了根，顽强地传承了下来。

三是因为榆林小曲的唱腔古老独特。江苏民歌《茉莉花》风靡大江南北，几乎人人都能哼上几句。其实，《茉莉花》最古老的唱腔不在苏州，而是保留在榆林小曲中。可见榆林小曲保存了江南丝竹音乐的精粹，是探寻我国音乐历史的"活化石"，受到越来越多中外音乐研究领域专家学者的高度重视。

20世纪60年代出生的梁梅，眉如弯月，热情奔放，是个地地道道的榆林女子，也是榆林小曲的市级非遗传承人。2023年3月，榆林小曲在北京"非遗大集"上一亮相，就受到了观众的热情欢迎。在采访她时，梁梅和同为榆林小曲非遗传承人的王青等人正在北京参加《陕北民歌展演》。梁梅说："我们榆林小曲格调委婉高亢，南韵北声融为一体。采用小嗓子唱法，真假声结合，多用顿音闪断，产生亦顿亦连、轻快活泼的效果。"说着就即兴唱起了榆林小曲名段《掐蒜薹》：

> 奴在哟
>
> 园子里边掐蒜薹
>
> 架墙撂过来戒指来
>
> 这是真奇怪
>
> 手扳上园子墙我就往外瞧
>
> 瞧见张家的二秀才
>
> 哥哥从那哒里来

从她的曲声中，能感受到榆林小曲的婉约清丽、欢快跳跃，让人仿佛置身于江南水乡祥和温馨的氛围中。可谓"一曲古乐，听尽乡音"。

雅俗共赏一枝花

榆林小曲起初主要在官宦人家和市民阶层中传唱，传统曲目的唱词很有韵味。清朝时期，刘厚基重振了榆林文风，当时文人辈出，许多人开始创作榆林小曲。清光绪年间，榆

来自陕北的曲艺非遗传承人表演榆林小曲《九连环》　庄文斌摄

林文人王吉士等人，在汇集整理各种民歌词曲的基础上对榆林小曲进行加工改造，使榆林小曲成为融宫廷音乐的高雅、江南丝竹的缠绵和陕北民歌的悠扬于一体，形成格调独特的地方小曲。

　　榆林小曲的唱词既有文人常用的典雅诗词，也有当地方言土语，巧妙融合了雅俗两种风格。对于榆林小曲的曲词特色，梁梅如数家珍地介绍说："榆林小曲作为明清俗曲，内容多是反映人们的生活情趣，其中表现离愁别恨、爱情的曲目占较大比例，也有许多劝人向善的曲目。代表曲目有《放风筝》《赐儿山》等，也有些民间传说故事，如《梁山伯与祝英台》《八仙过海》等，此外还有些来源于当地民歌，如《走西口》《小寡妇上坟》等。目前，传统曲目五十多首，新编曲目十几首，共有六十多首。"说着，她又情不自禁地唱起了《梳油头》：

　　　　昨天等哥哥不来，今天哥来忙梳头，两手都是油呀儿呦喂。梳好油头戴好花，情哥
　　一见笑哈哈，伸手要来抓……梳油头，巧打扮，戴好花，真传神！

演唱榆林小曲要遵循"正字、合腔、养喉、纯熟"的传统要求，采用真假声结合及抑扬顿挫的唱法，在发声、吐字、行腔、用令上非常讲究，要求合辙押韵，优美动听。榆林小曲是边塞文化的代表，它的艺术特色在于用唱腔表达出男女之间的离愁别绪。它不仅是一个独立的曲艺品种，也是中国传统戏曲文化的重要组成部分。

就像《啊！我的榆林小曲》中歌词讲的那样："当你舞弄琴弦，余音三月绕梁；当你清嗓开口，便成千古绝唱。你吟唱先人的生活场景，每个字都让我心驰神往……"

凤毛济美谱华章

清道光末年，榆林小曲从官府传至民间，学艺者纷起。随着时代的变迁，榆林小曲也几经兴衰，抗日战争时期几乎中断。新中国成立之后，榆林小曲重获新生，艺人如枯木逢春，后起之秀层出不穷。1957年，榆林小曲艺人们赴京参加全国民间音乐舞蹈会演，引起轰动，后在全国多地表演，多次获奖。2006年，榆林小曲被确定为国家级非物质文化遗产项目后更是蓬勃发展，逐渐走向全国、走向世界。

在中国，很多民间音乐都曾辉煌过，但最终消失在了历史的长河中。榆林小曲能够在榆林老城区顽强地绵延至今，在戏曲、曲艺式微的情况下一次次重返舞台，大放异彩，可谓是一个奇迹。

这不仅仅是因为榆林小曲承载着历史的记忆，一直深受民众喜爱，更重要的是有一代又一代的民间艺人尽心尽力地呵护着它，以"口耳相习"的方式自然地传承着它。

新中国成立前，榆林小曲演唱传承多以家族为基础，靠的是父子之间、师徒之间的口传心授。这期间，民间艺人们充分发挥他们的创造力，不断对乐段进行加工创新，使之越来越瑰丽多姿。

清末至民国，传唱榆林小曲的民间艺人主要有王才德、高仪丞、王子英、王尚卿、王云祥、王子和、谢玉长、朱四玉、张云庭、胡福堂、周天恩、林懋森、白葆金、冉继先、叶子丰、朱崇义兄弟、贺健良、李茂、陈元娃、文子义、谢天士、胡英杰、吴天华、吴国彦、罗新民、谢花篮三姐妹。新中国成立后，榆林小曲的传承人主要有李醒华、林玉书、林玉壁、叶万秀、吴国珍、吴春兰。如今，在国家级非遗传承人王青、林玉碧等的带领下，榆林小曲

榆林市的小学生演唱榆林小曲

又涌现出了梁梅、乔文新等新的传承人。

榆林小曲的发展与时代休戚相关，传唱艺人的兴衰继替，都留存着时代印记。其中，李、谢两家对榆林小曲的贡献极大。李家班从乾隆末由李财业传李义，道光时传李殿魁。李殿魁是音律大家，用琵琶谱音记符，自创李家班，于咸丰初传曲书唱本、三件器乐给李芳，后传至李国珍。李家班改编整理了《进兰房》《怀胎十月》《光棍哭妻》等曲目，丰富和发展了榆林小曲内容。李家班后人李鸿岳先生临终之时，把家藏的榆林小曲资料全部上交给国家，令人敬仰。

梁梅说："过去，榆林小曲有传男不传女的传统，演唱者都是男子。如今，女子也开始学唱榆林小曲，女性的唱腔柔美动听，使得榆林小曲的观赏性更强了。我上初中的时候就喜欢上了榆林小曲，不顾家人的反对，每周骑自行车去学习两个小时，回来后，一有空闲就练习。2000年左右，榆林小曲前景并不光明，但我选择了坚持下去。现在，榆林市人口360多万，经济发展迅速，市政府对文化事业的重视让榆林小曲迎来了春天，我有义务把榆林小曲传承下去。"

如何保护传统音乐品种，使这些非遗曲艺传之久远，是文化艺术界一个迫切讨论的话题。主要观点和结论有：一是要保持"口耳相习"的自然传承状态；二是学术界对它的整理研究；三是用现代化的传媒手段包装、传播它，让更多人有机会了解和学习。

1979年，陕西省民间音乐集成工作正式启动后，榆林小曲先后被部分收入《陕西民间歌曲集成》《陕西曲艺音乐集成》中。李云祯收集整理的55支《榆林小曲》词曲和15首器乐曲，登载于《榆林文史资料》。事隔十余年，向贵在前人的基础上，出版了我国第一本《榆林小曲》辑本。这些资料的整理和结集出版，对榆林小曲的研究、传承、保护有着重要的价值和意义。

在对榆林小曲的系统整理与研究上，王青和林玉碧等人功不可没。林玉碧从艺五十多年，掌握了四十多首唱词唱曲。1986年，县政协成立榆林小曲研究小组，他与师兄胡英杰教授李天明、张永莉、梁梅、郭红艳等十余人唱榆林小曲。2003年，林玉碧与王青、葛智等人自发组建榆林小曲研究会，教出乔文新、尤兰芳、乔忠诚、王艳、白秋芳等十多名徒弟。他们还创办了榆林小曲传习所，经常开展传习活动，出版了《榆阳文库·榆林小曲卷》，吕政轩与王青合著的《夜半曲声听满城——榆林小曲概论》一书，深受人们喜爱。传习所每周定期演出两三次，吸引了大批市民和游客前往观看，已经成为榆林老城区的一道独特的风景线。

为了普及传统文化和为榆林小曲培养后备力量，王青、林玉碧、梁梅等人除了参加各类演出、带好徒弟之外，还积极推动榆林小曲进校园工作。如今，榆林市的十几所学校都开设了榆林小曲课，受到了社会各界的广泛好评。下一步，他们打算到更多的学校教授小曲，让这项传统文化在孩子们的心中生根发芽。

榆林小曲是陕北这片热土上孕育出的一朵柔美之花。它记载和传唱着榆林人的情怀与心声。有人说它就像是一股清泉，从塞北的沙漠中流淌而出，又流进了热情的榆林人心里面去。这一汪甘泉，见证了塞上名城的历史烟云，书写了榆林人的喜怒哀乐，滋润了榆林人的精神生活。有诗为赞："榆林小曲奇花放，'沙漠甘泉'成绝响。演唱情怀倍婉转，丝弦格调诚悠扬。市民乐见歌里巷，领袖喜闻赞殿堂。一枝独秀无伦比，誉满京华处处香。"

陕西榆林的麻黄梁黄土地质公园　视觉中国供图

陕北黄土高原地貌　视觉中国供图

陕北民歌：
声声唱在人"心坎坎"上

一道道山梁，一首首歌。在陕北广袤的黄土塬上，民歌就像地里长出来的植物一样，迎着烈烈朔风，挥洒于山野之间，飘扬在蓝天之上。那些饱含深情的曲调一响起来，岑寂的大山，也会为之侧耳倾听。

民歌，基于各民族自身独特的地域文化和艺术特色而存在。陕北民歌，在中国民歌中占据着重要地位，有着独具特色的艺术魅力，在音乐语言构成、情感艺术、呈现方式上，都有着鲜明的特征。它是人民群众自发的口头创作，其曲调和歌词在长期流传过程中，被不断加工、始终处于动态的发展过程中。它不借助于乐谱、录音、录像等任何记录手段，主要依托其独特的语言风格、旋律唱腔和情感表达方式，口耳相传，世代流传，经久不衰。

一曲民歌，就是一幅图画

陕北民歌作为一种富有浓郁地方特色的汉族民歌，广泛流传于陕西北部的延安、榆林，以及周边的甘肃、宁夏、山西等地。包含信天游、劳动号子、小调等多种门类。独特的地貌环境和人文风情，共同构成陕北民歌画卷式的印象——天空湛蓝，黄土高原，白羊肚毛巾下黑中透红的脸。一道洪亮的嗓音从演唱者的胸腔共鸣起来，高过了矮树和山梁，倏然间就冲到云霄上去了。

据文化历史学家考证，黄土高原是中华文明最早的发源地之一，也是我国农耕文化最早成熟的地区之一。周朝时，最早的"信天游"（又称"顺天游""小曲子"，是陕北人民对自己特别喜欢的山歌的一种称呼）出现了。也许当时的缘起，只是"呦嗬嗬"的一声呐喊。直至汉代，基本曲调形式才逐渐确定。经过几千年的时光演变，流传下来的各类陕北民歌有27000余首，形成了节奏自由、流畅悠长的旋律特点和叙事性极强的唱词风格。

陕北民歌中的许多唱词是日常生活情境的真实再现。例如《当红军的哥哥回来了》："鸡娃子叫来狗娃子咬，我那当红军的哥哥回来了。羊肚子手巾脖子上围，不是我那哥哥再是个谁。"又如《三到你家》："第一次到你家，你呀你不在。你爸爸给了我一呀一烟袋。第二次到你家，你呀你不在。你妈妈给了我两呀两锅盖。第三次到你家，你呀你不在，你家的大黄狗把我咬出来！"

这两首歌，虽然场景各不相同，但采用的都是一种直白的、具有浓厚生活气息的语言，将农村真实生活中的图景描写得惟妙惟肖、活灵活现。

1943年的陕西延安，王大化、李波演出《兄妹开荒》旧照　视觉中国供图

陕北民歌大赛上的表演　华商报　于卓摄

　　这就是陕北民歌，没有丝毫的装腔作势，用的都是大白话、大实话。就像一首曲子中唱的那样——"民歌出自老百姓的口，多会儿想唱多会儿有。"唱民歌如同陕北人的家常便饭，就是他们的日常沟通语言。民歌没有雕琢，少有修饰，都是老百姓顺口唱出来的，但这种口语化的语言却更真实、更生动、更形象且朗朗上口，极大加深了陕北民歌的表达力量。比如："豌豆开花结龙龙，十七八岁开始交朋友。红豆角角两盘盘，交朋友不交老汉汉。"这样的语言，你吃饭的时候能听到，劳动的时候也能听到，嬉闹的时候能听到，谈情说爱的时候也能听到。陕北民歌的唱词之所以生动，是因为他们出自真情；之所以形象，是因为他们来源于生活。

　　当然，这并不意味着陕北民歌没有语言技巧，实际上唱词中借用了大量的比喻、夸张的表现手法。最终目的是把人们感兴趣的事物形象，立体地显现给听众，让你听得见，也让你感受得到。例如："人家成双咱成单，好像孤雁落沙滩。白格生生的脸蛋西北风吹，你是哥哥的心锤锤。站在那圪塄上瞭不见你，眼泪珠呀好比连阴雨。""六爱如儿巧格溜溜手，一双

"陕北歌王" 王向荣演唱陕北民歌　胡卫国摄

巧手赛金条。"都是浑然天成般的创作。就像用一支浓墨重彩的画笔，把人物的形象和情绪直接描绘给听众。

一曲民歌，就是一捧乡情

陕北民歌之所以能成为中国音乐艺术的瑰宝，陕北方言所发挥的作用功不可没。正如英国著名作曲家及抒情诗人本·琼生所说的那样，"头脑中的想法是事物的图画，口舌（语言）则是这些图画的阐释者。"民歌反映的是当地人民的劳动生活，与该地区的历史、地理、风俗等因素联系密切。因此，传统民歌一般要用方言来演唱，方言与民歌是水乳交融的关系。陕北方言对陕北民歌影响深远，是形成陕北民歌主要基调、风格特色的重要因素之一。

这些方言所呈现出的语言美感和营造出的意境，会给听众带来情绪和心理上的最直接的亲切感受，这是它在演唱时能引起人们关注和产生共鸣的原因。"交朋友""害娃娃""解不下""不解话""泪格蛋蛋""三疙瘩的石头两疙瘩砖""绿格铮铮""烧酒盅盅"这些陕北方言土语，使民歌成为一个与人们日常生活平行的空间。唱歌的人只要唱起来，他就进入了这个艺术空间中，这里能道出他在现实生活中难以满足的生活愿望、人生理想，吐露出他平时不便外露的心声：

> 一把把拉住妹妹的手，你哭成个泪人人怎叫哥哥走。
>
> 一对对狗娃向外咬，对象那哥哥又来了。
>
> 说下日子你不来，硷畔上跑烂了我十双鞋。
>
> 有朝一日见了你的面，知心的话儿要拉遍。

方言的运用在陕北民歌作品之中不胜枚举，如《山丹花开红艳艳》之中的"山丹丹""红艳艳"等。陕北民歌浓厚的方言特点还体现在演唱中的具体发音方式上，例如《想哥哥》第一段的唱词："对面山里喜鹊喳，你给我那哥哥捎上句话，捎话、捎话、捎句知心话，就说我那妹妹哟难活下。"若用普通话演唱，该曲难以激发起欣赏者的共鸣，但以淳朴浓厚的陕北方言发音方式演唱，该首作品就具有了独特的地域特色，让人耳目一新。

独特的方言特征，为陕北民歌打上了深深的地域文化烙印，也满足了人们思乡的需要。当背井离乡的人们在他乡相会时，只要有人唱起一曲大家耳熟能详的陕北民歌，人们的心就会忽地被拉回到陕北那千沟万壑的大山中，像见到了自己最亲的人在对面说话一样。这就是陕北民歌的美妙之处。

一曲民歌，就是一段心语

老舍说："文字不怕朴实，朴实也会生动，也会有色彩。"朴实自然的语言以本色取胜，给人一种淡远之美。那种看似平淡的语言，其实是最富有艺术性的表达方式。

陕北民歌的朴实之美，与"兴"这种修辞手法的广泛运用也密切相关。

不同的人对"兴"有不同的理解，但陕北民歌的"兴"是什么？它的"兴"更多的是

"即兴"之意，是"即兴而作""即兴而唱"。这种"兴"是生活之兴、自然之兴、情景之兴，它如风如雨、如日如月、如山如水、如草如木，如爱如恨、如喜如悲，它自然而生，自然而落。只有平淡，无需绚烂；只有朴实，无需粉饰；只有自然，无需雕琢。

例如，"六月的日头腊月的个风，老祖先留下个人爱人。三月的桃花满山山红，世上的那男人就爱女人"。又如："野鹊子叫唤来报喜，说下个日子我等你。干柴顶门门不开，干哥哥不来狼吃了。"再如："天上的星星十八颗明，人里头就数哥哥你年轻。山坡坡长的十样样草，十样样我看妹子九样好。""芝麻开花直到梢，咱二人交朋友直到老。拔起黄蒿带起根，你打你的主意我离我的婚。"这一段段自然的语言所描绘的情景，朴实的心声抒发直白的感情。这正是陕北民歌的魅力所在。

一曲民歌，就是一片童心

李贽在《童心说》中提道："夫童心者，真心也，若以童心为不可，是以真心为不可也。夫童心者，绝假纯真，最初一念之本心也。若失却童心，便失却真心；失却真心，便失却真人。"

民歌，从某种起源上来说，是人类童年时的哼唱之歌。因而，民歌的韵律总是伴随着一颗稚嫩纯朴的心在跳动，民歌的语言也充满了一种稚拙天真之美。陕北民歌语言的稚拙天真之美集中地体现在其对双声叠韵词的普遍运用上。例如："风刮芦草忽闪闪，年轻的朋友蜜罐罐。桃树花开粉团团，新交的朋友面粘粘。白面片片肉臊臊，想你想成半吊吊。""羊肚子手巾三道道兰，见面面儿容易拉话话难。""红格当当嘴唇白格生生牙，亲口口说下些疼人话。""小妹妹笑格盈盈点了一盏灯，三更子月儿照门门来。"

从以上的歌词中我们可以看出，陕北民歌的双声叠韵词多出现在情歌里，用以表达一种单纯、天真的情感。另外，这些双声叠韵词的前边一般多加一个衬字"格"，后边常缀一个"儿"字，呈现一种"儿化音"的口语色彩。

陕北民歌的语言美还体现在它的押韵形式上。民歌是用方言来押韵的，演唱时若不用方言，就会造成韵脚的不协调。如"你妈妈打你不成才，露水地里穿红鞋"，普通话"才""鞋"不同韵，而陕北方言中"鞋"同"孩"音，用方言演唱，就无押韵问题。还有陕

西安安居巷，来自陕北的王师傅捧着刚刚出炉的月饼，即兴唱起陕北民歌　魏永贤摄

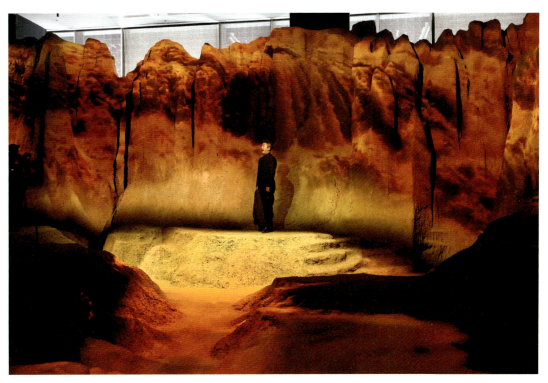

歌唱家在中国工艺美术馆·中国非物质文化遗产馆的展厅内
演唱陕北民歌　视觉中国供图

北方言中的象声词和语气助词如"得儿""哎""嗨""呀""者""哈""哟""个"等，以及生活中使用喊声、哭声、吆喝声、惊叹声等，用在歌词中，都听起来纯真质朴，自然流畅，具有浓烈的乡土气息，给人以语言美、声调美的艺术享受。

一首民歌，就是一缕情丝

陕北人爱唱民歌，这是陕北人民生活的需要、情感的需要。融合在陕北民歌中的情感，总是那样坦诚，唱来开阔壮丽，听来足以动心。陕北民歌直接的情感表达体现着陕北文化的淳朴，是黄土高原上绽放得最为生动的艺术奇葩。在这片土地上，陕北民歌用它最动人的音符、最质朴的语言，表达着最澎湃的情感。

陕北民歌有一种颇为另类的情感特征，那就是温和、节制。但是在这种大的基调之下，陕北民歌给人最深的印象就是它并不单调，具备多样、多变的歌唱层次。这种歌唱层次的丰富性，得益于陕北民歌在情感表达上的丰富性。

在过去，陕北民歌承担了一部分教化民众的功能。这种教化，是艺术的教化，而非硬性灌输，它作用于人们的情感，简易深入，直达人心。每一首陕北民歌的产生，都有一个明确的歌咏主题，即情感主题。这些主题性的情感一旦传播开来，就会在它对应的人群中产生教化的功能，对人们产生审美上的、道德上的、言行上的感化。如陕北革命民歌《横山里下来些游击队》里的歌词"对面（介）沟里流河水，横山里下来些游击队。一面面的（那个）红旗，硷畔上（那个）插，你把咱们的游击队引回咱家。滚滚的米汤热腾腾的馍，招待咱们的游击队好吃喝。三号号的盒子红绳绳，跟上我的哥哥闹革命。你当上红军我宣传，咱们一搭里闹革命多喜欢。红豆豆角角熬南瓜，革命（得）成功了再回家。"

陕北革命民歌，融入了人民的智慧，是真正的集体创作的产物，甚至超出了地域限制，唱响于全国。只要我们仔细观察那些广为传唱的陕北革命民歌，就不难发现，它们的"起兴"都是再普通不过的传统艺术片段，包含着陕北地域的许多原型意象。与歌咏日常生活、赞颂爱情、叙述劳动经历的传统民歌相比，陕北革命民歌在艺术上的再生和升华，在于它内在感情的更新上。

这种新的感情是由一些新的词汇、新的场景来体现的，例如"游击队""中央红军""红

歌手在声情并茂地演唱陕北民歌　高林胜摄

军哥哥""南泥湾""八路军""红旗"等。这些词语和"起兴"的场景切换、融合自然、浑然一体。正如这首《横山里下来些游击队》，它的"起兴"依然是传统的，没有任何突兀的地方。热烈的革命民歌的背后，仿佛站着一个陕北传统民歌歌手的形象，这个感情形象得到了词曲上的恰当修饰，经过全新的润色后，发生了功能的变化，产生了更积极的意义。

陕北民歌，经过了数千年的文化积淀和情感浓缩，底蕴深厚。它经过了无数不同历史时期，魅力不减，是至今仍旧活跃于人民日常生产生活中的民歌品种。它不会被人们轻易忘却，更不会被时代轻易抛开，而是凭借着那股永远旺盛的生命力，裹挟着黄土高原泥土的芬芳，奔跑腾跃于黄河之上，以及每一位传唱人的心坎上。

陕北秧歌表演　郭凤儒摄

陕北秧歌：

看见万物向阳而生

"九边重镇，塞上名城；黄土记忆，非遗之乡"，人们这样形容陕北榆林。这片居于大漠边缘的绿洲，如同一本内涵丰富的人文历史书。植根于此的非物质文化遗产项目，是这座城市人文记忆的生动载体。它们如同一根根血管，串联起了榆林文化的精神脉络。其中，撼天动地的陕北秧歌，便是榆林豪迈之气的典型代表。

矫健欢腾的舞步，踢踏起脚下黄土漫天；肆意张扬的舞姿，跟随着锣鼓流淌而出。人们舞的是对命运不屈的抗争，更是对这片土地的深挚爱恋。闹腾腾的陕北秧歌，既是嵌入陕北人基因里深厚的精神印记，也是他们内心对美好事物向往追求的外在表现。铿锵的鼓点配合着健美的舞步，透出一股如天地万物向阳而生那般无穷的生命力量。

大年秧歌：人如龙歌如虹

远远地看，街道的尽头闪起了一阵红云，似乎还带着隐隐的雷声，仿佛不多会儿暴风雨就要席卷而至。"来了！""来了！来了！"，围观人群中老的少的都兴奋起来，或伸直脖子，或举高手机，有的还把孩子扛上了肩头，争着看热闹。

稍近些，才发现这并不是真正的"云和雷"，而是一群龙腾虎跃的汉子，边敲边舞地行进过来。这是2024年春节期间，陕西榆林古城全国秧歌展演现场的一幕。

从正月初四开始，直到元宵节前后，全国众多流派的秧歌，都在榆林古城隆重上演。一场融汇着传统文化魅力与民俗文化精髓的盛宴，让来自天南海北的观众们感到惊艳和震撼。这期间，来自全国九省（自治区），各具地方特色和民族风情的十三支秧歌队，会同陕西各地及榆林当地的共三十五支秧歌队在古城逐一亮相。你来我往，各擅胜场。

展演第一天，踩高跷、划旱船、打腰鼓、舞彩扇……一个个的绝活儿如一簇簇绽放的花团，铺洒在榆林古城的老街上。接下来的几天里，山东鼓子秧歌、河北昌黎地秧歌、东北传统大秧歌、吉林乌拉满族秧歌、安徽花鼓灯、潮汕英歌舞、广东舞龙舞狮等极具地方特色的精彩表演，把一个红彤彤、热腾腾的中国年搬到了观众眼前。

此时的榆林古城，只有听不尽的锣鼓、看不够的身段，大街小巷都被烘托得热火朝天。到了正月十五元宵佳节，秧歌展演迎来了最为热闹的一天，来自广东省、内蒙古自治区，以及榆林市横山、神木、绥德等地的秧歌队齐聚榆林，将一场"闹红火"推向了最高潮。

当然，一方水土养一方人，在各类秧歌中，还要数本土的陕北秧歌舞得最为游刃有余，更加原汁原味。尤其是坐镇主场的绥德秧歌，以千变万化的动作编排，展现出其深厚的底蕴与功力。绥德秧歌是陕北秧歌的领头羊，最前面的领队被称作"伞头"。虽然人多时能达到上百人，但整个表演有条不紊，并不显得凌乱。"十字步""斜身步""抖肩步""三步一跳"，动静结合中带出一派潇洒骄矜来。绥德秧歌中有一个绝活儿叫做"踢场子"，原是从两夫妻争吵打闹的场景演变而来的，很多动作都跟武术有关，比如"二起脚""金鸡独立"等。演员一旦耍出性情，精彩之处让人目不暇接。

陕北秧歌，喊出来的是黄土高原辽远的呼唤，跳起来的是黄河浪花不息的奔腾。陕北秧歌舞起的是这里火红的日子，其热烈的氛围，不仅能让观众感受到陕北大地粗犷豪放的性格以及漫天黄土筑起的苍凉风情，更可以让人体会到陕北人充满生命张力的激情与乐观。

钩沉历史：秧歌"向阳"而生

提起秧歌，大家都不会陌生。但正因为其遍地开花的特色，所以来源与分支也十分复杂，普通观众很难加以精确区分。总得来看，秧歌是一种具有丰富文化内涵和独特艺术风格的汉族

2024年春节期间举办的全国秧歌展演活动中，陕北秧歌在热闹的街区表演　杜长芬摄

2023年春节期间，西安至北京的列车上，乘务员为旅客们表演陕北秧歌　刘翔摄

民间舞蹈，它融合了唱、跳、表演等多种艺术形式，形成一种边奏乐、边歌唱、边舞蹈的独特艺术风格。

秧歌的道具非常丰富，常见的包括扇子、手绢、纱巾、伞、棒棍等。稍微上点难度的，还会融合跑旱船、跑驴、踩高跷等技术活儿。秧歌舞蹈动作多变、形式多样、气氛热烈，具有很强的表演性和观赏性。其音乐节奏流畅欢快，既有快节奏的传统乐曲，也有柔和婉转的民族音乐。不同地区的秧歌，具有各自鲜明的地域特色，有着不同的称谓和样式。如胶州秧歌舞蹈味道更足，以拧、碾、撑、韧、扭等动作著名，能够很贴切地展现胶东女性健美的体态与泼辣的性格；而东北秧歌则更接近于一场大戏，演员会穿着如《西游记》《白蛇传》《铡美案》等传统戏曲中各种角色的戏服表演，舞蹈动作也按照相应角色来进行编排。

在全国各式各样的秧歌中，流传于陕北高原的陕北秧歌有着浓郁的黄土高原文化特色具有广泛群众基础。陕北秧歌又称"闹红火""闹秧歌""闹社火""闹阳歌"等，主要分布在陕西榆林、延安、绥德、米脂等地，历史悠久、内容丰富、形式多样。

单从一个"闹"字，就足以看出陕北秧歌的热烈氛围。榆林等地的很多乡村，依然保持着传统的年节习俗，当由几百人组成的浩浩荡荡的秧歌队沿着村里主要街道挨家挨户拜年的时候，真是一派"大喜临门"的热闹景象。

尤其值得一提的是，1942年在延安进行的"新秧歌运动"，剔除了传统秧歌戏中不适合时代发展的部分。新秧歌简洁大方，被赋予了新的精神风貌和积极向上的时代内容，并随着革命形势的发展而传遍全国。我们在影视作品中常常看到部队胜利，军民联欢时把秧歌扭起来的情景，这就是"新秧歌运动"后陕北秧歌的风貌。

说起陕北秧歌的掌故，其历史非常悠久，相传北宋时就已出现，原为"阳歌"。"言时较阳，春歌以乐。"在陕北甘泉县宋金古墓出土的秧歌画像砖雕证明，陕北秧歌（舞蹈形式）早在宋金时代，就已在当地广为流传。明初弘治本《延安府志》，记载了当时陕北秧歌的盛况："舞童夸妙手，歌口逞娇容。男女观游戏，性醪献国（皇）"。清代至民国三十一年（1942），为传统秧歌的繁荣时期，在陕北城乡，村村社社都有秧歌队，男女老幼一齐参加。

至于是何种机缘促成了秧歌的诞生与流传，一说是古代农民在插秧劳作过程中，为缓解疲劳而吟唱的歌曲，"插秧歌"逐渐传唱成了秧歌调；另一种说法是，因为生活在黄河两岸的古人常常要抗洪抢险，每当战胜洪峰后，大家就举着工具舞起来，逐渐形成了用来庆祝的秧歌。而南宋的周密在《武林旧事》中介绍，民间舞队中就有"村田乐"，清代的李调元在《粤东笔记》中写道："每春时，妇子以数十计，往田中插秧……鼓声一通，群竞作，弥日不绝"，这似乎又证明，从"阳歌"到"秧歌"，经历过一个中心偏移的过程。不少研究者认为，秧歌其实是从南方地区传到陕北的。

发源地究竟是何处，已不好确切考证，但如今的陕北秧歌，从动作、伴奏到唱腔，都是一派北方的气概。其充分表现了陕北人民质朴、憨厚、乐观的性格特点，具有突出的历史文化价值，也是当地老百姓喜闻乐见的日常庆祝形式。可以说，陕北农耕文化的所有精髓都能在盛大的秧歌集会中一一展现，各种大开大合的舞蹈动作也与陕北人民外向开朗的性格息息相关。因此，陕北秧歌一直以来被认为是黄土高原文化的具体呈现，亦是榆林文化一张靓丽的名片。

所谓城市的向心力，往往需要一场大型活动来充分展现。春节期间，当秧歌与彩车在榆林汇成彩色的海洋，卷起歌舞的浪潮时，我们能深刻感受到，这座城市的古韵与新潮在这一刻终归汇流，传统与现代得以和合共生。

陕西榆林迎新春活动上的秧歌表演　李建增摄

传承发展："红火"枝头春意闹

黄土地上，闹秧歌从未停歇过，歌声也从未中断过。年复一年，如今秧歌依然是陕北大地上不可或缺的城乡群众休闲娱乐活动。

2006年5月，陕北秧歌被列入首批国家级非物质文化遗产名录。火热的秧歌闹红了黄土高原的村村镇镇、沟沟洼洼，大家都图个热热闹闹、红红火火，用秧歌来表达对喜庆欢乐与吉祥平安的追求的这种形式，永远也不会过时。陕北秧歌的精神价值，提供了其由内而生、不断传承演进的源动力。这一源动力，本身就是陕北人世世代代赓续不辍的进取奋斗之意，改天换地之力。这也是我们在走向未来的道路上，不可或缺的精神力量。

曾在圪梁梁上舞动陕北秧歌的人也许从未想到过，在街头巷尾秧歌会上的"闹红火"，能闹到专业大舞台上，舞到全国各地甚至海外。陕北秧歌历经千百年的沧桑沉浮，已逐渐转化为既能于乡野娱乐大众，也可以登上大雅之堂的民族文化瑰宝。

榆林市横山区的老腰鼓表演队踏上国际交流之旅，远赴德国参加柏林国际旅游交易会。这不仅是对横山腰鼓这一传统艺术形式的一次国际化展示，更是对陕北秧歌的一次国际化传播。横山腰鼓，据传诞生于明代中期，原是用以报告敌情的战鼓，也是著名的"安塞腰鼓"之源头。打起来动作奔放刚劲、自然洒脱，极富艺术感染力。横山老腰鼓的"武打"由精壮的年轻小伙儿演绎，生龙活虎、声震四野。而"文打"则由老人搭配孩子打，虽然力度不大，但是简练从容，带有一种教化传承的寓意。目前，横山老腰鼓也被列入了国家级非物质文化遗产项目。

陕北秧歌是喜庆与美好共生，豪情和大气同行。既承载了祈福的愿望，也赓续着文化的血脉。以"秧歌"为媒介，我们既能感受到绵延数千年中华文化的传统气息，也能感受到当代文化创意与时俱进的新鲜韵味。沸腾的锣鼓敲得震天响，热闹的秧歌舞得别样欢，这样的春节才有味道。那是年味与民俗的碰撞，红火与盛世的相融。

听，鼓点又响起来了；听，民歌又唱起来了！只要秧歌不停，陕北人民拼搏的热血，就会依旧沸腾着……

由中国工艺美术馆·中国非物质文化遗产馆举办的陕北秧歌展演
现场 新京报记者 浦峰摄

西安大雁塔北广场华灯初上　视觉中国供图

西安鼓乐：

传袭千年的唐风雅韵

"钟鼓喤喤，磬筦将将。"西安鼓乐，是源自唐代长安宫廷的清音雅韵，一路经历战乱、灾祸和时代变革，流转至今仍光彩照人。它映出一方水土千百年来的精神气质与文化风尚，极具大国国乐风范。

这清丽隽永之音律，玄宗在兴庆宫大殿上击鼓领奏过；这磅礴恢弘之排场，太平公主在出大明宫兴安门的婚车上感受过……如今，西安鼓乐已然走出苍茫的历史故纸堆，在热闹的古城里袅袅回荡。旋律一起，便勾起了人们对千年之前那个盛世的回溯与想象。

大唐早已远去，却又正在"归来"。盛世轮回中，伴随着铿锵的合鸣，蕴藏于鼓乐中的风雅和气度，正在我们眼前徐徐展开。

长安清音，遗韵千年不朽

从世界维度看西安，这座古城处于亚欧大陆板块的中心点位。盛唐长安，无疑是中华历史穹顶上的荣耀星辰。西安鼓乐兴于唐代，是中国音乐文化中熠熠生辉的"活化石"，也是世界范围内最古老的"交响乐"。

欧洲文艺复兴时期兴起的西洋交响乐团建制庞大，百余名乐手是常规配置，最多也不过两百人。而千年前，长安梨园子弟有千人之众。大宴宾朋时，数百

西安地标钟楼的夜景　视觉中国供图

位梨园子弟笙管齐奏，一部大套曲能演奏长达一个多小时，其声部之细腻、曲调之繁复、曲式结构之严谨令人叹为观止，演奏形制早于西方交响乐整整一千年，堪称人类非物质文化遗产的代表作和中华文明之典范。

当时，乐工们发明了人类最早的记谱方式——工尺谱，也称"唐代燕乐半字谱"。如天书般的记谱符号看似神秘，却真正撑起了一部中国音乐的活态史书。历经一代代艺人的口传心授，各乐社里遗存的明清时期老乐谱，仿佛跨越时空的音乐使者，将古代与当代、长安与世界连接起来。

如今，西安鼓乐存世乐谱约有百册，曲目3000余首，曲名、曲牌1200余个，套曲40多部，是一笔丰硕的音乐文化遗产。其中，大型套曲的体裁类别有《套词》《北词》《南词》《外南词》《外分词》《京套》《大乐》《花鼓段》等约400余套；小型乐曲的体裁类别有《鼓段》《耍曲》《小曲》《歌章》《得胜令》《曲破》《赶东山》《玉包头》《下水船》《扑灯蛾》《游声》等约500余首；可以独立演奏的鼓谱有《浪头子》《三股鞭》《法点》《女退鼓》《花退鼓》《大赐福》等百余首。

起先，唐代燕乐与宫廷音乐相融相谐，辉煌与肃穆兼具。安史之乱之后，长安城破，无

西安音乐学院的学生在表演西安鼓乐　华商报记者　张杰摄

数宫廷乐师四散流亡，涌入民间。但"国破山河在"，工尺谱、乐器及演奏技法等由此"飞入寻常百姓家"，其宫廷雅乐的演奏形式、结构、乐器、曲牌、词、音律以及谱式千年未变。经专家考证，现今乐谱中的部分音符与敦煌莫高窟内发掘出的唐代乐谱中的音调完全相同。

与西洋交响乐团需要配备统领全场的指挥者不同，西安鼓乐演奏时，音律全靠鼓声来调动协调。鼓师端坐于乐手们中央，面前一面大鼓、多面小鼓，鼓槌一敲，全场乐手都跟着鼓的节奏来调整轻慢缓急，鼓在演奏时的作用如定海神针。

时代更迭流转，唐朝的文化、习俗和生活方式经历宋、元、明、清直到当代，也发生了天翻地覆的巨变，但经西安鼓乐艺人们口耳相传流传下来的工尺谱却几乎未变，大唐雅乐的韵味和音律也得以保留。

时光在给这块千年音乐活化石默默增色。失去昔日宫廷大典及宴会的生存土壤，西安鼓乐顽强地在民间流传，与各个时代民间百姓们的习俗、仪式等文化背景紧密融合。它在时光长河里淬炼，渐渐衍生出僧、道、俗三大流派，它们自成体系、各具风格：僧派悠扬敞亮；道派平和闲雅；俗派热烈浓郁。尽管三派各自有别，演出场景也截然不同，但盛唐清音遗韵的雅致风貌却一如往昔。当笙、鼓、云锣声一起，《霸王鞭》《五色鸟》《将军令》等曲目流淌出的时空轮回感便能让听众震撼到无以言表。遥远长安传回的音律清丽典雅，宫阙万间、帝王将相似历历在目，花团锦簇，绕梁不绝，瑶池仙乐也不过如此。

祖先们的智慧令人仰望，"九天阊阖开宫殿，万国衣冠拜冕旒"，总面积为北京故宫三倍的大明宫，以及西安鼓乐分为行乐和坐乐两种演奏方式的庞大编制，都可窥探到昔日长安宫廷内外之繁盛。

行乐，指在行进中演奏，乐队犹如整装出发的仪仗队，一路随彩旗、令旗、社旗、万民伞等壮大声势，极具威仪。乐器采用高把鼓、单面鼓、小吊锣、铰子、供锣、手梆子、方匣子等打击乐器和笛、管、笙等吹奏乐器若干。

坐乐是室内乐，尤为复杂，乐手们以坐姿演奏固定结构的套曲，如《花鼓段坐乐全套》《八拍鼓段坐乐全套》等大套曲的演奏时长都在90分钟以上。乐手分坐两侧，分别演奏打击乐和管弦乐乐器，他们各司其职，严谨工整。打击乐器包括鼓、锣、铙、钹、木鱼、水铃、云锣、方匣子等20余种；吹奏乐器有笛、高低音笙、管等，仅笛子常用的就有宫调笛、平调笛、梅管调笛三种。足以见得中国古代乐队的庞大与鼎盛。

进入明清时期，西安城内有百家乐社争奇斗艳，经常出现各乐社浩浩荡荡地聚在一处斗曲子的场景。他们各亮绝活儿，以曲争光、以曲会友，成为城中百姓们喜闻乐见的表演形式。至20世纪初，西安秦岭一带及城墙内还活跃着近50家乐社，每年农闲时节的庙会、集会便是乐社乐手们一展身手、上演斗乐的良机，大家斗得酣畅淋漓，甚至三天三夜也难分胜负。

经风历雨，古乐期待新生

从艺术到技术，中国非物质文化遗产在传承之路上一直承受着诸多艰辛，若非依靠一份坚守的信念，这些口传心授的手艺绝活儿将随时面临人走艺亡的危险处境。从战乱，到天灾，以及时代变迁导致的人文环境和生存土壤的消亡，西安鼓乐一度濒危。那些默默无闻的继任者和守护者们扑下身子，用半个多世纪的心血付诸其间，将西安鼓乐从灭亡的边缘抢救出来。这些民间文化的坚守者是中华文明得以生生不息的力量之源。

百年时光如悠悠流淌的黄河水，奔流而过。明清时西安城内曾经的百余家乐社相继凋敝，仅余大吉昌、都城隍庙、东仓、西仓、南集贤、何家营六家百年老社，散失的乐谱更是

西安举办"西安鼓乐进校园"音乐会　尚洪涛摄

不计其数，老艺人们也日渐步入耄耋之年。

神禾塬东、潏河之畔的何家营村里，有一座古雅的鼓乐陈列馆，它既是古老乐器陈列展示的空间，也是鼓乐训练传习的场所。何家营鼓乐脱胎于唐代长安燕乐，有着正大、雄浑、清雅的特色，保持着唐代燕乐完整的曲目、谱式、结构、乐器及演奏形式。代表曲目包括行乐《番调》《杜甫观花》、坐乐《群英宴》、双云锣《尺调引令》、花鼓段《霸王鞭》等。20世纪80年代末，乐社的表演一度停滞，社长何忠信打破了西安鼓乐传男不传女的千年旧俗，召集村中留守妇女投入鼓乐训练，将自己掌握的上百首曲目倾囊相授，先后为乐社培养了四批共112名鼓乐传人。他还多次帮助高校师生进行西安鼓乐的研究，诸多专家学者也是通过对他进行采访来调研西安鼓乐的传承脉络。

何家营鼓乐社自此生出了腾飞的翅膀，德国、加拿大、日本、韩国等许多外国的专家学者慕名前来，只为听一段古韵盎然、原汁原味的西安鼓乐。云锣敲响，便似仙乐在庭院间回荡，令无数听众折服。

最令人敬佩的是，2004年左右，何忠信义务在何家营小学开设了鼓乐课堂，在小学里普

范炳南在大唐芙蓉园表演西安鼓乐　尚洪涛摄

何忠信（下排左）等在表演西安鼓乐　尚洪涛摄

及鼓乐教育。他手把手地教村里的孩子们吟唱工尺谱、研习乐器演奏技巧，在孩子们的心里种下了热爱中国传统音乐的种子。那时，"非遗"保护理念还尚未在全社会形成气候，相关政策也尚未出台，何忠信顶着巨大的压力，摸着石头过河，传授自己最拿手的《将军令》等曲子。孩子们从根本不识工尺谱，到能完整演奏出多套曲目，其中的艰辛可想而知。几经寒暑，这支"娃娃军"创出了佳绩，得到去北京、深圳等大城市登台表演的机会。当一群孩子奏出千年宫廷雅乐时，业界纷纷为民族音乐文化得到妥善传承而惊叹和感动，教育部专门颁发奖状，肯定了何忠信和孩子们做出的成绩。

赵庚辰在大唐芙蓉园表演西安鼓乐　尚洪涛摄

2009年，已经90岁高龄的民乐学家李石根先生历时半个多世纪写就的400万字巨著《西安鼓乐全书》出版，书中收录的730首（套）各类曲目（牌）是他毕生的心血，也是展示西安鼓乐全貌的文字实录。其中的古谱手抄藏本，反映了唐宋以来宗教、宫廷、民间乐队的演奏形式、规模、流传、演变、发展的脉络与轨迹，是民族音乐文化的原始记录。

一代鼓乐宗师赵庚辰先生凭着超凡的记忆力吟唱、口述乐谱，将保存于心中的音符及全套演奏技巧传授给弟子，同时将遗落千年的工尺谱抢救性地整理并集结成册。他与弟子西安音乐学院马西平教授一起，将古谱翻译成五线谱和简谱出版，为人类音乐宝库留存了一批珍贵史料。赵庚辰先生还在高校开设了鼓乐课程，希望吸引更多的年轻人了解、学习西安鼓乐。

2009年9月30日，在联合国教科文组织保护非物质文化遗产政府间委员会阿布扎比会议上，作为首批国家非物质文化遗产项目的西安鼓乐成功入选"人类非物质文化遗产代表作名录"，这张走向世界的西安名片，在长安故地宛若新生。

知音共赏，连接长安与世界

当今，非遗传承不仅承担着将技艺发扬光大的重任，还因时代的变迁，面临着固守还是

东仓鼓乐社在大唐芙蓉园内举办演出　尚洪涛摄

东仓鼓乐社首演唐代宫廷燕乐《鼓》　尚洪涛摄

创新的抉择。许多领域的非遗传承人开始走上了创新转型之路，尝试拉近古老的民间艺术与现代社会之间的距离。已经脱离濒危险境的西安鼓乐，迈上了走向世界的旅途，成为与其他国家沟通的使者。

何家营鼓乐社曾远赴韩国、马来西亚、约旦、澳大利亚、荷兰等国家进行表演和交流。周至县南集贤西村鼓乐社曾带着行乐《红沙》、坐乐《四折鼓》《九条龙》《南吕一枝花》走进日本。而六大乐社中最为"出圈"的当数东仓鼓乐社，在2024年甲辰龙年的央视春晚上，他们与西安交响乐团一起在《山河诗长安》中献上了惊艳瞬间，泱泱盛唐气象倾泻满台，唐代宫廷大宴宾客的乐曲《满庭芳》第一次出现在春晚舞台上。这次与交响乐的跨界合作，使东仓鼓乐社瞬间成为了"顶流乐社"。

东仓鼓乐社古称"敬禄仓东仓鼓乐社"，在明清时是"吃皇粮"的官办鼓乐社。2005年，传承人范炳南和赵筱民一面研究、翻译浩如烟海的唐代工尺谱，一面从十几岁的孩子中选拔、培养传承人。2006年，东仓鼓乐社进驻大唐芙蓉园景区，从后继乏人、艰难经营的民间乐社，变为由政府扶持的热门文旅项目。乐社的孩子们在芙蓉园紫云楼中演奏着经典曲目，慢慢从稚拙到娴熟。十八年来，无数中外游人在这里聆听到唐代宫廷的清音雅韵时都会由衷地沉醉和喝彩。国乐大师方锦龙先生受聘为东仓鼓乐社终身名誉社长时，看到演奏者们已从十来岁的稚嫩娃娃成长为西安鼓乐传承的中坚力量时，几尽泪目。

音乐"化石"能否在当代社会"活"起来，西安鼓乐能否在时代浪潮里获得"新生"？这几年，原生态的音符被重新整理淬炼，由王潮歌团队主创的舞台剧《鼓》应运而生，娓娓道来地讲述着鼓乐流转变迁的故事，乐工成为剧中人，在舞台特效科技的加持下，高度还原出旖旎绚丽的盛世大唐，这也是西安鼓乐创新力度最大的一次尝试。

更令人欣喜的是，这一流传千年的曲调，被越来越多的年轻人所喜爱，在互联网上收获了巨大的关注。每晚，东仓鼓乐社乐手们身着唐制汉服在抖音直播间进行视频直播演奏，播放量已破5亿次，世界各地的网友们纷纷在留言中表达着对中华传统音乐的赞美和热爱。许多明星、"网红"也慕名走进大唐芙蓉园东仓鼓乐社，为西安鼓乐"带货"。

"他山逢旧侣，尽日话长安。"曾流落四海、几度濒危的西安鼓乐，今又重回故地，再奏唐代繁华之韵，时隔千年后仍热闹非凡。听着悦耳的钟鼓丝竹，心中不由浮现出刘禹锡的诗句——"遥想长安此时节，朱门深巷百花开"。

西安鼓楼夜景 视觉中国供图

立春
春季开始
Beginning of Spring
The 1ˢᵗ solar term

绛州鼓乐艺术团的鼓手正在表演绛州鼓乐　视觉中国供图

绛州鼓乐：
表里山河　豪情怒放

　　盛唐诗人中，把黄河写得最为出神入化的，非王之涣莫属。《登鹳雀楼》中的"白日依山尽，黄河入海流"与《凉州词》里的"黄河远上白云间，一片孤城万仞山"，都是不朽的传世佳句。王之涣存世的作品并不多，但由于这两首诗奇绝雄伟，被后人誉为唐诗绝句中的"扛鼎之作"，一举奠定了王之涣在诗坛上的历史地位。

　　王之涣生于地处晋陕豫黄河金三角区域的绛州，即今天的山西省新绛县。于此地怀想这位风采卓然的唐诗大家，总觉斯人已远，其神犹在。那是因为流传于此地的"绛州鼓乐"，忠实地延续了王之涣作品的气概：静如甲兵列阵，剑气横秋；动则地动山摇，闻声十里。即便在鼓乐盛行的三晋大地，依然被誉为山西鼓乐艺术"第一绝"。

由晋入唐，鼓乐长鸣不息

　　中国鼓乐各有各的风格，"福州十番""浙东锣鼓"都具有鲜明的地方特色。然而说到气概，绛州鼓乐之外当真罕有能与之相匹敌者，素有"地动山摇""闻声十里"之誉。每当这里的鼓乐一响，恰如将军施令、帝王点兵，一种粗犷浑厚、慷慨激越的气韵，即刻浩荡于天地之间。

绛州鼓乐独特的震撼力，绝不仅仅是因为音量大，更深层次的原因在于它丰厚的底蕴，于无形中触动了潜藏于我们内心深处的文化认同和情感认知。

绛州鼓乐起源于先秦、形成于唐宋、鼎盛于明清、革新于当下。春秋时期，地处山西的晋国国力强盛，提倡教化的力量。晋国乐师师旷极力主张"闻鼓声者而悦之"，得到了君主的赏识。晋国鼓乐因此而闻名天下，素有"秦筝晋鼓"的说法，可证明晋国鼓乐在当时的地位和影响力。

我国古代著名思想家，曾与绛州关联密切的荀子，曾在晚年写下《乐论》一书，其中提到"君子以钟鼓道志"（意为：君子以敲钟击鼓来传达情志），由此，钟鼓也成为一种高尚人格的象征。而"鼓大丽"（出自《荀子·乐论》第二十，意为鼓的声音大而华丽）的说法，也奠定了绛州鼓乐宏大高昂的艺术风格。

魏晋南北朝时，山西一带成为各民族融合的大熔炉。各种外来的乐器不断与当地的鼓乐交融发展，一直延续到隋唐，这使绛州鼓乐无论在乐器种类上还是演出形式上都有了非常大的变化。

唐武德二年（619），秦王李世民指挥柏壁之战讨伐刘武周。在李世民驻留绛州的半年间，绛州鼓乐迎来了一个黄金时期，三足而立的车鼓、穿箱锣鼓和花敲鼓开始形成。其中《秦王破阵乐》是唐代宫廷乐舞的顶流之作。李世民的赫赫战功，尽显于一曲之中。据《旧唐书·音乐志二》载："自《破阵舞》以下，皆雷大鼓，杂以龟兹之乐，声振百里，动荡山谷。"据说，唐朝皇室也为此曲感到自豪，继任皇帝凡遇大典盛宴，无不表演这首燕乐大曲，以彰显先祖建功立业的荣耀。

宋代时，百戏、社火在晋南一带盛行，给绛州鼓乐注入了新的活力。明清时期，绛州鼓乐开始出现在祭祀、庆典、婚嫁、庙会及各种民间社火民俗活动中，逐渐走向鼎盛。清朝《直隶绛州志》记载："岁时社稷，夏冬雨季，又乡镇多香火，扮社鼓演剧。"民国时出版的《新绛县志》也有记载："每逢赛社之期，必演剧数日，扮演各种故事，如锣鼓等等……令观者有应接不暇之势。"

新中国成立至20世纪80年代中期，以王秦安、郝世勋为代表的民间艺术家，挖掘整理了诸多民间锣鼓、花鼓、人拉鼓车、马拉鼓车的曲牌，创作出《秦王点兵》《杨门女将》等经典传统曲目和《滚核桃》等生活气息浓厚的现代曲目，形成独具风格的鼓乐流派，由此，绛州鼓乐进入一个传承创新阶段。2006年5月，绛州鼓乐被国务院列入首批国家级非物质文化遗产名录。2021年12月，又被联合国教科文组织列为世界无形文化遗产。

从古至今，每逢春节，绛州都要进行花鼓、鼓车和鼓乐表演和比赛，敲响清音锣鼓、花庆鼓、穿箱锣鼓、伴奏锣……鼓声一响，直冲云霄，那股雄视天下的精气神，就振奋了起来。

鼓声镗镗，奏出浩然之气

作为中国民间鼓乐的优秀典范，绛州鼓乐凭借花样繁多的鼓击方式和强烈的艺术冲击力，被国际打击乐界誉为世界三大鼓种之一，是中国优秀传统文化的杰出代表之一。

绛州鼓乐以鼓为核心，运用"花敲干打"的形式进行演奏。充溢着爆发力和阳刚之气的节奏性配乐，具有刚劲镗锵、雄浑浩荡的气魄。绛州鼓乐在打法上却又繁复无比、优雅细腻，轻重交替的鼓点清晰稳健，逐段变快变强，其中既有对力度的精准控制，又有尽情释放的力量与豪情，蕴含着丰沛的情感、气势和空间感。同时，优美的肢体语言在鼓乐表演中营造出别样的氛围，将人或物的形象融入音符和体态之中，有限的鼓乐语言便在可感知的符号之中无限运作，以鼓述情，演绎故事。

从先秦到唐宋，历史的演变和朝代的更替不断为绛州鼓乐艺术注入鲜活生动的灵魂，造就了绛州鼓乐霸气、大气和灵气的特征。

晋国在春秋时期的诸侯争霸中生存了六百多年，这段历史赋予山西人一种敢于争雄的霸气性格，这种"霸气"在当今的绛州鼓乐中仍有所折射。

初唐音乐融合了诸多地方民间音乐和外族优秀音乐，广纳中外雅俗音乐，成为音乐艺术之集大成者，绛州鼓乐在这种包容的环境中不再是独拥一方天地的"小家碧玉"，而如"大家闺秀"一般自内而外地散发着端庄的气质。

宋金时的锣鼓杂戏是一种社戏，如今在新绛，锣鼓杂戏虽已失传，但对绛州鼓乐影响深远。它为绛州鼓乐融入了戏曲的韵律、丰富的肢体语言和生动的戏剧表演成分，让绛州鼓乐显露出一种特别的"灵气"。

山西永济的绛州鼓乐表演　刘宝成摄

如今，地方文化与外来文化、传统文化与现代文化在新绛交相融汇。晋文化的"霸气"、唐代破阵乐的"大气"、宋元戏曲的"灵气"几经冶炼，融为一体，使绛州鼓乐集千年古音，成一代新韵。

汾河两岸，处处闻锣鼓

新绛县有三大自然区域，以汾河为界，一是汾北片，二是汾南片，居二者中间的是河槽片。汾北片以穿箱锣鼓闻名，汾南片以车鼓著称，河槽片的花敲鼓最具特色，这也是绛州鼓乐在民间的三大代表性鼓种。

穿箱锣鼓，因表演者身穿古戏装演出而得名，也是山西唯一着戏服演奏的锣鼓乐种。这一鼓种常常借演人物而咏叹某一事件，具有强烈的戏剧性和艺术感染力。

穿箱锣鼓的表演队伍庞大，演奏人员较多。有时，演奏者会头戴野鸡翎进行表演，运用鼓、锣、钹加之"甩翎"的舞蹈动作演绎民间历史故事，经典作品有《唐王出城》等。

车鼓，又名鼓车，因鼓载于车上演奏得名。在旧时，演奏这种鼓乐寓意着迎接神仙，到现代社会则演变为民间的吉祥乐。车鼓主要流行于阳王镇一地，分为人拉车鼓、畜拉车鼓、机拉车鼓等多种。鼓面的直径一般在一米以上，腔高也有一米左右，鼓钉盈寸，鼓腔一般绘有龙凤呈祥之类纹样图案，多为赤色。竖立于大车首尾两端稍稍倾斜，伴奏乐器有锣、钹、五音锣和"个样景"，全部随车演奏，车的四周以物遮掩，首端高高突起，极像古时候的花门彩楼。

花敲鼓，又称花腔鼓、花庆鼓，俗称"干鼓"，是新绛县独有的一种鼓乐。经过长时间的发展，花敲鼓表演淬炼出"出擂大鼓""花敲干打"和"故事性强"三大特色。它全套乐器只有鼓、板两类，合计二十八件。其中有二十四面扁鼓、两副夹板、两副梆子，分别象征二十四节气和牛、虎、狮子、麒麟四种瑞兽，以求时时吉祥、天天如意、月月平安和年年丰收。磕、檫、搓、挑、撩、敲、碰等花鼓干打类演奏技法的运用构成了花敲鼓的独特之处。绛州鼓乐的经典《滚核桃》就属于花敲鼓作品。

除了以上三大鼓种，新绛百分之九十以上的乡村都有冠以本村村名的地方锣鼓，如南李村锣鼓、王村锣鼓、苏阳锣鼓、刘峪锣鼓、梁村锣鼓，站里锣鼓等等。

绛州鼓乐表演《穆桂英挂帅》　中新社记者　杨华峰摄

民间锣鼓大赛上的绛州鼓乐表演　高新生摄

绛州鼓乐表演的宏大场面　视觉中国供图

寓情于鼓，点缀热烈生活

《滚核桃》是绛州鼓乐的精品之作。整个作品由三部分组成：引子由八人依次轮流双手奏鼓边，进行传递式演奏，节奏由慢渐快，鼓点密度由少渐多；再通过左手鼓槌平压鼓面，右手闷击鼓面，使音色呈现高低反复的变化；中段俗称"华彩段"，由鼓边四个方位左右花奏，以此表达农民丰收后的喜悦之情；尾声部分再现引子部分的演奏技巧，鼓点抑扬顿挫，演员加入舞姿配合，表现农民采摘核桃、并在屋厦晾晒时的满足与欢欣场面。

演奏时，八名女鼓手一字排开，她们常穿蓝底白花的上下分体装，用红头绳扎起羊角辫，浓郁纯朴的乡土气息扑面而来。另有一人负责"拍板"，来控制整首乐曲的节奏。这段作品把鼓充分地利用起来，击打形式多样，各种技巧发挥得淋漓尽致。又以女性的柔美舞姿配合刚硬的鼓点，这种反差营造出的艺术效果深受广大观众喜爱。

鼓乐，沉淀在绛州人的世风民俗和日常生活中。民间一直流传着"北岸的棍，西岸的鞭，石坡上的镲儿铙得欢，八庄的锣鼓震破天""北行庄的踩板扎得高，不如南行庄的鼓儿

2012年中央电视台春节联欢晚会上的绛州鼓乐表演《鼓韵龙腾》　视觉中国供图

敲得好"等俗语，可见鼓乐文化在群众心中有着极高认可度。人们对鼓乐的喜爱，有着深远的历史成因。在古代，农业收成多靠"天时"，祈雨成为当地官府和民间常用的抗旱手段。古人们用鼓乐社祭，以祈甘雨降临。绛州鼓乐的经典曲目穿箱锣鼓《唐王出城》讲的就是李世民在大旱之年亲率太子皇孙、文武百官去龙王庙为民求雨的情节，后来成为鼓水流域每年社火中的保留节目。花敲鼓中的二十四面扁鼓代表着农历二十四节气，还有两副拍板、两副梆子，代表牛、老虎、狮子和麒麟四种瑞兽。这都是农耕文明在地方曲艺中留下的印迹。

古绛州下辖的闻喜县县志中有对当地迎神赛社活动的描述："村各有所迎之神……凡轮值之社，及沿定之期，锣鼓外必闹会，有花车、鼓车……"可见，在大型的公共礼仪庆典活动中，锣鼓一定是"唱主角"的。

当然，绛州民间婚丧嫁娶等重要时刻，鼓乐也是必不可少的。婚礼上所用的曲目一般都是明快热烈的乐曲，曲目选择比较自由，戏曲、民间小调、时尚小曲等都可以使用。而葬礼中大多选择鼓乐专门的丧事乐曲，当地人也称"白事曲"，大多为苍凉凄楚的悲曲。

绛州鼓乐艺术团的演员们正在进行舞台表演　中新社记者　武俊杰摄

如今，鼓乐祭祀的功能弱化，逐渐成为一种独具特色的艺术门类，也是民众喜闻乐见的一种娱乐形式。规矩少了，变化和创新就逐步显现了出来。

传承发展，代代有新篇

绛州鼓乐的传承，在循环往复中悄然发生着变化。改革开放以后，社会经济文化迅速发展，人们的思想观念发生转变，娱乐方式变得多种多样，这使得绛州鼓乐的形式和功能也发生了变化。

女鼓手与女子鼓乐团的出现是一个非常值得关注的新特点。新中国成立后，女性社会地位发生了很大的变化，但打鼓的女乐手仍然寥寥无几。直到1987年，绛州鼓乐团成立，女性在鼓乐表演中才有了一席之地。如今，鼓乐团招收到的女学员越来越多，绛州女子鼓乐团活跃于全国乃至世界各地。

此外，纯粹由民间自发组织的鼓乐班社已经越来越少了。从前每年冬天是农闲季节，绛州鼓乐艺人就利用这段时间练习打鼓。现在，人们多在外打工谋生或在家从事小手工业劳动，几乎全年无休。现有的大多数民间鼓乐队，都只在春节期间参与社火表演。随着排练表演次数的减少，曲目也有所减少。

为了创新发展，今天的绛州鼓乐也吸收了许多西洋打击乐元素，突出节奏感和爆发力，并不断探索鼓乐与舞蹈、武术等文体形式之间的融合。还广泛运用现代舞美和声光电等新元素，营造热烈奔放、激动人心的视听效果，力图迎合当代年轻人的喜好。但值得关注的是：传统绛州鼓乐的每首鼓曲都不是单纯为了击打节奏或烘托阵势而创作的，而是在演绎故事、展现精神内涵。因此，讲述故事、表达情感，是新时代绛州鼓乐需要永久传承的艺术精髓与灵魂。

山西，地势险峻且被黄河半环绕，有着"表里山河"之称，孕育于山河之间的绛州鼓乐，蕴含着源远流长的黄河文化，讲述着流传千年的古老故事。和着一声声的呐喊，那慷慨激昂的鼓声播响千年古绛州的每一个清晨，也正努力地敲开每一扇通往新世界的大门。在绛州人锲而不舍的努力和打磨下，绛州鼓乐已走出山西，走出国门，向更多的受众传达着黄河文化的魅力。在未来，它依然会保持着锣鼓喧天的响亮姿态，正如千百年来一样，热闹地陪伴在喜欢它的人们身边。

山西运城的小学生在有板有眼地表演绛州鼓乐《老鼠娶亲》 高新生摄

山西运城永济黄河湿地雪后景色　刘宝成摄

演员在首届蒲剧艺术周开幕式上进行蒲州梆子精彩表演　薛俊摄

蒲州梆子：
华彩流光的河东之音

无花木却见春色，无波涛可观江河。云鬟珠花中，长袖盈风间，是由"唱念做打、翻腾跌扑"构建的另一个戏中世界。蒲州梆子最本真的魅力就在于此。

精妙的唱词、翻飞的身影、流畅的唱腔和传神的表演，原汁原味的蒲州梆子总是令人心驰神往，回味悠长。由古老的河东神韵，到浩瀚的华夏文明，都在枣木梆子清脆的击打声中慢慢地铺陈开来。

化繁为简，高腔急板作"乱弹"

蒲州梆子，又称蒲剧，因兴于山西南部的古蒲州（今山西运城永济）一带，且使用枣木梆子击打节奏而得名。蒲州梆子多用急管繁弦，唱腔以短小的高腔和急板为主，故而民间又称之为"乱弹"。蒲州梆子与北路梆子、上党梆子、中路梆子一起被称为山西的"四大梆子"，是我国最古老的地方民间戏曲艺术之一。

蒲州梆子的发源地运城，位于黄河"金三角"的东角，即河东地区。在元代，这里因是元杂剧的发祥地之一而闻名于天下。到元末明初，蒲州梆子这一全新的戏种在河东大地上初次绽放出绚丽的花朵。

蒲州梆子诞生后，逐渐流入北京。早在明嘉靖年间，蒲州梆子义和班就在京城进行长期表演，使蒲州梆子这一地方戏曲在京城广为传唱。到清康乾时期，蒲州梆子第一次进入了真正意义上的昌盛时期。康熙年间，蒲州梆子逐渐摆脱了古代戏曲繁琐的流程和陈乏的唱腔，其唱腔技巧和表演形式都有了细致的规范和改良。乾隆朝时，蒲州梆子的发展变得更加迅速，我国著名的秦腔旦角演员魏长生是当时的代表性人物，他以卓绝的唱功和勇于革新的精神，在蒲州梆子发展历史上留下浓墨重彩的一笔。

蒲州梆子的第二次昌盛时期出现在清末民初，蒲剧名伶郭宝臣是代表人物。郭宝臣的唱腔独特、吐字清晰、气势恢宏，广受戏迷赞誉，称其"声满天地""无字不响"。

20世纪50年代，蒲剧艺术迎来了其发展史上的又一次辉煌。山西晋南的各个县市都广泛招收演员组团进行演出，各种蒲剧艺术团体也应运而生，蒲州梆子势如破竹，在三晋大地上焕发出勃勃生机。

各色人物　演技各有千秋

作为晋南地区的主要戏曲曲种，蒲州梆子音调高亢、旋律优美、起伏较大。音程跳进多，演唱大小嗓兼用，有着鲜明的音乐特色和地方风味。其唱腔韵味独特、古朴淳厚、腔调激越，尤其擅长表达慷慨悲壮的人物形象。按照风格，蒲州梆子可分为南路与北路两种，南路文雅，北路火爆。

就音域来讲，小生、小旦多用高音，要运用真嗓和假嗓相结合来完成，其中假嗓（复音、小嗓）偏多；须生、青衣多用中音，用真嗓和假嗓结合演唱且以真嗓居多；净角、老旦则多用低音，基本用真嗓演唱。此外，蒲州梆子还具有"行当相同，唱腔各异"的特点，要求演员必须善辨音律，同一行当，用同一套腔调、同一个板式，却可以唱出不同的音色和情感。蒲州梆子前辈总结的"框架在曲，色泽在唱"便是此意，由此也形成了蒲州梆子不同的唱腔风格和表演流派。

蒲州梆子有生、旦、净、丑四行，以脸谱区分。

生行是最重要的一个行当，主要扮演一些帝王、将相、官吏、员外等角色。在唱念上，要求吐字清晰，喷口有力，真假声结合，整个声音高亢激昂、抑扬顿挫。其中须生演员必

山西省蒲剧艺术院演出一团演出现场　史云平摄

须有过硬的唱、念、做、打功夫，熟练掌握梢子功、髯口功、帽子功、靴子功、鞭子功等高难度技巧。

旦行分为正旦、小旦、彩旦、武旦和刀马旦。正旦是主要角色，常与须生搭戏，扮相端庄婉约，唱腔温柔典雅。小旦一般饰演青少年女子，又分为小旦与花旦。小旦一般性格纯真、活泼开朗、天真无邪，表演以唱作为主；花旦则性情泼辣，以做功和念白为主。老旦大多数是扮演老年妇女的形象。武旦与刀马旦角色大致相同，多饰演身怀武艺的青年女子，要有扎实的腰腿功夫和高超的身段技巧。

净行亦称作花脸行，有大花脸、二花脸和三花脸三个种类。主要是以脸谱的不同作为区分标志。大花脸举止沉稳大气，以唱念做等基本功为主，主要扮演像包拯、曹操等著名历史人物。大花脸又分为花脸、黑脸、白脸、红脸和净脸，特定的人物据其性格品性有自己特定的脸谱，如黑脸包拯，象征秉公执法、铁面无私，白脸曹操意为奸狡残酷、诡计多端。二花脸分为架子花脸、武二花脸和毛二花脸。架子花脸多饰演性情粗暴、耿直朴实的人物，其重功架、念白和做功。武二花脸则以跌扑翻打为主，亦称作摔打花脸。另有以表演动作繁多，毛手毛脚为特点的毛头二花脸。三花脸亦称"丑"，分文丑和武丑两种，脸部中央有一小块白粉是它的显著特征。

文戏武戏　功力修养不寻常

蒲州梆子属于板腔体，音域宽广，唱腔朴实高亢，旧时演唱多用 B 调，俗称"三眼调"，有时也用 C 调，俗称"梅花调"，如今多采用 D 调或 A 调。长于表现慷慨激情、悲壮凄楚的英雄史剧，又善于刻画抒情剧中的人物性格和情绪。以著名蒲剧表演艺术家武俊英为例，其唱腔大胆采用了鼻音、颤音、断音等装饰音和弱音、气声、干板清唱和无字吟唱等特色唱法，在她的《送女》《苏三起解》以及《打金枝》等代表作中都有体现。又如阎逢春的激情奔放，王秀兰的清雅秀丽，张庆奎的浑厚婉转，杜清秀的舒展流畅，筱月来的甜润内敛，冯安娃的洪亮工稳，雪里梅的清晰淡雅，杨遇春的迂回宜人，各具特色，都让人过耳难忘。

蒲剧《薛刚反唐》中，首届中国戏剧"梅花奖"得主郭泽民在展示髯口功　王须中摄

山西省蒲剧艺术院演出一团（运城市蒲剧团）的青年演员表演《失子惊疯》　景冬波摄

蒲州梆子的伴奏分为文场伴奏和武场伴奏，文场伴奏为丰富多彩的曲牌音乐，可分成"传统丝弦曲牌音乐和绕板过门音乐""唢呐曲牌音乐""新编历史剧和现代剧中的曲牌音乐"和其他音乐。

丝弦曲牌音乐是由地方民间小调演变而来的。在调式调性上有着鲜明的地方特色，是和蒲剧唱腔紧密相连、融合统一的音乐形式。如体现打扫厅堂的曲牌【大开门】【小开门】，配合行路、做针线的曲牌【捻线】【风摆柳】，表现欢快喜悦的曲牌【茉莉花】【割韭菜】，表现忧伤的曲牌【苦相思】【祭灵】等。唢呐曲牌音乐经常和打击乐相结合运用，构成安神乐、宴饮乐、军乐、舞乐、迎送乐、喜乐、哀乐、开门乐、尾声以及配合特定动作的音乐，如【慢摆场】【一枝花】【水龙吟】等。随着现代戏的发展，【挂画】【西厢记】【三里湾】等新编曲牌音乐出现，丰富并提高了曲牌音乐的表现手段。

武场伴奏乐器有鼓板、枣梆、马锣、铙钹等。武场打击乐在多年的实践和积累中形成了丰富多变的锣鼓点（锣鼓经），主要可分为开场锣鼓、配合动作说词类、配合唱腔类三种。

蒲州梆子表演强调动作水准，身段功、把子功、唱念功、翻跳功和圆场功等基础要扎实，还有水袖、吃草、火彩、摆耳坠、麻鞭砸碗等特技，用来为表演增色。据杨焕育先生在《蒲剧史话》一书中的统计，蒲剧绝活儿达 31 种之多。其中最令人称绝的技巧有帽翅功、椅子功、髯口功和跷功。经典剧目《挂画》就是靠跷功和椅子功撑台面。髯口功是须生的常用特技，有推、捋、扔、挑、缠等十余种表演技巧，用来准确表达角色的心理和情感。帽翅功是蒲州梆子最负盛名的表演特技。京剧大师周信芳先生就曾派弟子何新涛向蒲剧名家阎逢春学习帽翅功。阎逢春先生在《杀驿》中饰演驿丞吴承恩，其纱帽翅时如大浪起伏，时如秋水息波，有时一支闪动而另一支静止，把角色彷徨的心情和焦急的神情表现得淋漓尽致，像赋予了翅帽以生命，令人惊叹。

薪火相继　蒲剧传承有新方

老一辈蒲剧艺术家们的坚守与传承为这项艺术注入了深厚的文化底蕴。他们成长于革故鼎新的时代，将自己对蒲州梆子的理解与创新加入表演艺术中，王秀兰就是其中的代表。王秀兰自幼跟随师父原筱亭学习蒲剧。新中国成立后，在全国各地进行蒲剧演出，大力推

山西运城稷山县蒲剧团演员在表演蒲剧《枣乡缘》 景冬波摄

广蒲剧文化。她的戏路甚宽，在继承了传统蒲剧特点的基础上，探索性地把陕西秦腔、眉户唱腔融入蒲剧唱腔中，形成了刚柔并济、收放自如的表演风格，将蒲剧唱腔表现力推向一个新的高度。

景雪变是当代赫赫有名的蒲剧大师。她11岁进入运城县蒲剧团学戏，仅用了四年就成为县团顶梁柱。1986年，26岁的景雪变被选入运城地区蒲剧团，最初主攻花旦、小旦，后尝试刀马旦、青衣，她古装戏、现代戏皆擅长，文武全能、角色多变，因而在剧坛有"变色凤"之称。1994年，景雪变在首都人民剧院演出《关公与貂蝉》，一举获得第四届全国戏剧"文华奖"和第十二届中国戏剧"梅花奖"两项大奖。成为山西四大梆子中获中国戏剧最高奖的"双奖第一人"。

从艺五十余年间，景雪变在50余部剧目中担纲主演，尤其是《山村母亲》，唱红大江南北，久演不衰。2016年，由其主演的蒲剧电影《山村母亲》在美国举办的第十三届世界民族电影节中荣获"最佳影片奖"和"文化交流杰出奉献奖"，景雪变本人亦荣获最佳女演员奖，这是蒲剧电影首次走出国门并荣获大奖。作为蒲剧的守护人与传承人，景雪变还将一台台惠

景雪变演唱蒲剧《山村母亲》选段　闫鑫摄

民大戏送到田间地头，其炉火纯青的演技得到曹禺、郭汉城、吴祖光、王朝闻、刘厚生等大家的赞誉。称其是"戏路很宽的全才演员""舞台上的活动雕塑""蒲剧艺术集大成者"。近二十年间，景雪变倾尽心血为蒲剧树人才，先后培养出47枚戏剧"小梅花"。并毫无保留地将自己的代表作《关公与貂蝉》《杨门女将》《窦娥冤》《火焰驹》《山村母亲》《柜中缘》《阴阳河》《宇宙锋》等无私地传授给了青年演员和学生们。她持之以恒的传承与奉献，解决了蒲剧人才严重断代的问题，被业界誉为"蒲剧母亲"。

2006年，蒲剧被列为第一批国家级非物质文化遗产保护项目。在新形势下，一些新蒲剧作品成功将传统与现代相结合，运用蒲剧传统唱腔演绎当下身边的故事。将老百姓熟悉的唱腔与朴实的日常话语相结合，既留住了喜爱传统蒲剧艺术的群体，也吸引了一批年轻戏迷。当代蒲剧表演艺术家们从表演本身出发，尝试改良传统剧目音乐，创新其表现形式。比如王艺华的《黄鹤楼》，改良后剧中周瑜角色的唱段音乐更加轻巧连贯，将周瑜复杂的内心情感表现得淋漓尽致。

日月其迈，时盛岁新。在晋南水土的浸润下，蒲州梆子始终飘荡在乡村上空。那一声声激越澎湃的高腔急板，一句句悠扬婉转的圆润匀腔，滋润并丰富着人民的精神生活，甚至融进了晋南人的乡音之中。从民间小戏到舞台大戏，又从舞台回到民间，蒲州梆子正经历着不断转型的发展过程，找寻着最适合它发展的艺术土壤和表现形式。蒲剧表演艺术家们面对不断变化的市场，凭着对蒲剧的一腔爱意，凭着虚怀若谷的探索精神，孜孜以求地谋创新、谋发展。我们期待，古朴的蒲剧艺术能够枝繁叶茂，生生不息。

山西晋城珏山景区秋色·薛俊摄

上党八音会：

山河共振的慷慨高歌

在中国的传统文化和民间传说中，音乐有着气吞山河的气度，也有着关乎社稷的能量。两千多年前的三晋大地上，眼盲的音乐家师旷以音乐进谏晋平公，规劝国君切莫沉迷于靡靡之音。传说，师旷开始操琴的时候，有黑色的仙鹤飞来，并随着音乐翩翩起舞。而当师旷弹起"清角"之音时，竟引发了天象巨变，间接左右了晋国的命运。

著名思想家荀子认为，乐器被赋予着某种与天地同辉的品格，他曾言："鼓似天，钟似地，磬似水""金石丝竹，所以道德也"。故而，古人常常将天下大势的进退迂回，与音乐的共鸣变奏联系在一起。

距今六百余年前的山西，有一种传统民间音乐诞生了。它声情并茂、演奏兼备，吹打并重、文武相接，能够汇聚起各色乐器的强大气场。这就是流行于晋东南的上党八音会——一种鲜活热辣，堪与山河同声共振的激越之声。

八音齐声"弄红火"

关于八音会的掌故，较为通俗的说法是，"八音"指参与演奏的诸般乐器，如鼓、锣、钹、笙、箫、笛、管以及胡琴、梆子等。"八"在此处作为一种约

庙会上的八音会表演　闫飞摄

数，表示"多种"。但更为考究的解释是，早在先秦时期，古人便将"金、石、丝、竹、匏、土、革、木"八种材料用于乐器制作，并称为"八音"。由此不难推断，八音会有着极其悠久的历史。

上党故地处于太行山区，自古历经过无数次的变革与震荡。春秋战国时期，这里是秦、晋、赵争夺的焦点，并因为上党之争而引发了著名的"长平之战"。北魏时期，统治者将上党乐户列入另册户籍，视作下等贱民阶层，令其专职为宫廷、军旅、地方官府、寺庙等机构提供礼仪音乐演奏。

至唐代，唐玄宗李隆基成为上党地区音乐发展的助推者。在任潞州别驾时，他对当地的民间音乐和道教音乐产生了兴趣。登基后，便将这些音乐引入宫廷，在梨园里演奏，自己也成了"梨园始祖"。后来他又多次回到这里，并带来了不少全新的作品。因此，上党音乐中融入了许多唐代宫廷乐舞的元素。

由于上党拥有职业乐户的关系，这里常常成为各路民间艺人的投身之地。文化繁盛的北宋，在金人的铁骑下历经"靖康之耻"，都城汴京被攻陷后，大量伶人被掳掠到北方。很多无处容身的乐手投身上党谋生，与当地的乐户交流，也将宋代的队戏、杂剧等艺术形式带到了这里。至明朝，明太祖朱元璋第二十一子朱模封王于潞州，他与后人都比较重视音乐。

"靖难之役"时，有一些来自南京的官员被明成祖朱棣贬谪到上党充为乐户，又将江南的昆曲等音乐带到了这里。带有南方音韵的上党梆子、上党落子，逐渐成为当地有名的戏剧种类。而此时八音会，融合了两种地方戏曲的很多板式以及曲牌，逐渐形成了海纳百川、兼收并蓄的特点。到了明末清初，上党八音会步入了繁盛期。

当然，除了历史悠久、积淀丰厚之外，上党八音会的繁荣发展也跟社会经济的变迁有关。自明朝起，民间通俗文化逐渐起势，迎合平民趣味的话本、戏曲等越来越兴盛。此外这一带素来有着"上党从来天下脊"的美誉，历史上庙堂、馆驿兴盛，至今仍留存有无数历史遗迹。早在北宋年间，就有关于搭建歌台舞殿的记载，这为上党地区各类民间艺术的发展提供了容身之所和展演平台。

就现存史料角度而论，上党八音会来历之复杂实在难以尽述。因为聚焦到每一段曲目，甚或每一件乐器之上，都可以细细"讲古"。但如果换个角度看，这门曲艺真正受到民众欢迎的原因，还是来自扎实的表演技巧和热闹的氛围。除了"八音会"这个较为正式的名字外，民间对其还有一些更为亲切的称呼，比如"家伙事""弄红火""同乐会"等。毕竟旧时平淡寂寥的生活中，最难得的就是个热闹。而"红火"和"热闹"，本就是相伴而生的。

"文武兼备"的吹打功夫

一声锣响，好戏开场。

在过去，上党八音会主宰着一方世俗生活的节拍。逢年过节的时候，自然离不开八音会的喧闹。求雨祈福的时候，自然也需要吹奏一番。甚至每一户人家添丁进口或者是痛别亲人，都要在八音会的迎接与礼送中完成。无论是《龙凤呈祥》还是《大泣颜回》，都是把诚挚的情感详尽表述出来。

一支八音会的乐队，一般由七至十人组成。较为重要的是鼓板乐手、唢呐乐手、胡琴、大小锣和镲乐手等。在比较盛大的场合中，需要"对鼓""对唢呐"，要求有两名鼓手、两名唢呐手参与。还要辅以声音清丽的"细乐队"，所以人数会有超过十六人之多。

有"文"有"武"，是八音会独特的"相对论"。从乐器上分别，吹奏类乐器和弦乐器，如唢呐、琴、箫等被称作"文场"乐器；击打类乐器，如锣、鼓、梆、镲等则被叫作

上党八音会"文场"演奏　李现俊摄

"武场"乐器。

"文场"的镇场之宝是唢呐，吹奏者要精通各种类型的唢呐，包括"口咪"的吹奏，娴熟地掌握演出技巧，并能感染观众。吹唢呐亦有文武之分，有"文吹"和"武吹"两种模式。所谓"文吹"大约是比较按部就班地演奏，而"武吹"则需要在吹奏中加入一些绝活儿，比如用鼻孔同时吹奏两只喇叭等高难度动作。能有这般能耐的，不少是一些专职乐户或高手大匠的传人。但总得看来，任何一个八音会班子里，都要有那么几位叫得上名号的唢呐高手，这些人才是班子真正的"核心竞争力"。

"武场"的击打乐演奏，需要打出个气势喧腾，所以必须要多人合奏。锣鼓不比唢呐那般灵活自如，效果能否出彩，全靠节奏把控和默契配合。而队伍中的鼓板演奏者"鼓佬"，也叫"掌皮"，是武场演奏的核心人物。他负责掌控整队锣鼓的节奏快慢，在领奏时还要展示花样繁复的种种技能。要想成为一个合格的"鼓佬"，必要经历长期的磨砺，需要有一种胸胆开张的劲头，又要有稳健持重的能力。据说，"鼓佬"总要经历几次天寒地冻或是烈日酷暑的洗礼，直到将本事变成本能反应，让绝活儿成为肌肉记忆，才能被委以重任。

当然，武场的热烈气氛也离不开一些"动作戏"的帮衬。八音会主要以演奏为主，乐手们只需统一着装即可，并没有像戏曲那样按照生、旦、净、末、丑各色人物的行头区分。但这并不意味着八音会的演奏只是单调的"坐而论道"，从演奏状态上看，八音会分为坐、立、走三种表演形式。演奏者要随着歌词唱段中情节的铺展推进，加入很多走场表演。乐手也要

上党八音会"武场"演奏　李现俊摄

用相应的表情和身段来呈现剧中人物的情绪，以调动大家的共情心，提升表演的感染力。比如锣镲演奏，除了做到节奏有致、嘹亮利落之外，还要在手法上大开大合，上下翻动，金光闪耀才称得上有韵味。

在一出武场演奏达到最高潮的段落时，乐手们会把手中的"家伙事儿"高高抛至空中。大大小小的锣钹、梆子、鼓吹等乐器先后飞起，翻腾几圈后又稳稳当当地回到乐手的掌中。最后一下震耳欲聋的锣鼓齐鸣后，尾声渐逝，表演终止。这种强烈的视觉和听觉对比，让人沉醉不已、大呼过瘾。

无论是"文场""武场"，还是"文吹""武吹"，八音会表演都有着鲜花着锦一般的绚丽之感。这种演奏模式，保证了整场演出的呈现效果。一方面可以使乐曲节奏规范、张弛有度，另一方面也让各声部的乐手们获得短暂休息的时机，还能照顾到听众的接受阈值，让大家的耳朵不那么疲劳。有文有武，能吹能打；边演边奏，可雅可俗。八音会能拿出来的绝活儿，都是在几百年时光积淀中练就的精华。

博采众长，以至诚尽性

细细分析上党八音会的音乐构成，可谓千汇万状。既有宫廷音乐和宗教音乐，也有戏曲音乐与民间小调。比如大小"十番"来自道教音乐，而唢呐咔戏演奏中的很多段落都是源于

山西阳城皇城相府内，每日必演的上党八音会吸引着大批观众驻足　李现俊摄

上党梆子、上党落子、襄垣秧歌等民间曲艺。

从上党八音会的题材内容中，大约可以看出其繁复多样的特色。其中套曲及其曲牌主要有：

"大十番"包含的曲牌有【盘头】【万花灯】【武夜城】【慢流】【文夜城】【七五三】【柳春景】【挂花灯】【紧流】【收江南】；

"小十番"包含的曲牌有【小盘头】【青鼓下山】【踏青】【磨斧】【招军】【求医】【闹端阳】【下河南】【小金枪】【耍孩儿】；

"十样景"包含的曲牌有【老八板】【圪哑嘴】【卖膏药】【万年欢】【西洋景】【打雁】【钉缸】【秦腔秧歌】【西火腔】【赶卷】。

另外还有【迎仙客】【朝天子】【一枝花】【清鼓】【出字傍妆台】【山坡羊】【五福荣】【风入松】等约30首唢呐牌子曲。要想将这些多变的音乐形式完全掌握，实在需要下一番苦功，但这也是一代又一代八音会艺人的追求与使命。

由于各种原因，曾经火遍晋东南城市乡村的上党八音会，一度面临人才凋零、发展乏力的窘境。但这项充满了艺术魅力的民间音乐瑰宝，靠着众多表演艺术家的执着耕耘，很快就渡过了萧条期。从用工尺谱纪录八音会传统曲牌的老一辈艺人陈富有，到当下的传承人黄一宝、崔青云等，再到活跃于民间舞台上的索忠秀、曹建国等名角儿，历经风雨浮沉的上党八音会，在今天依然声势可观。2006年，经由山西省晋城市申报，上党八音会被列入第一批国家级非物质文化遗产名录。在晋城、长治等地，八音会表演和比赛蔚然成风。据统计，目前参与八音会传承发展的鼓吹乐手已达到数千人之多。

这一切得益于我们保护传承优秀传统文化的决心和定力，也得益于八音会这门艺术与时俱进、随俗为变的创新能力。早年间，八音会在坚持自身慷慨大气、高亢热烈本色的同时，也非常注重与流行趋势的结合，它吸收了天南海北的优秀音乐元素，并保持着"千变万变不变味"的内核。如今的八音会，融入了一些架子鼓、电子琴等西洋乐器作为辅助配器，再度创出了许多新意。

恰如《中庸》中所言："唯天下至诚，为能尽其性。能尽其性，则能尽人之性。能尽人之性，则能尽物之性。"上党八音会能够调动起各种乐器的生命力，其实靠得就是一种真诚、赤诚、至诚的探索精神，而这种精神将支持着八音会继续走下去，在晋东南这片热土上嘹亮致远。

黄河山西运城永济段冬季航拍图　刘宝成摄

第三章

金声玉振

黄河三门峡库区的冰凌景观 孙猛摄

《国魂》（局部）章立绘

黄河号子：

生命的礼赞　勇气的壮歌

　　黄河安澜，始终是关乎国计民生的大事。回溯五千年历史脉络，我们与黄河的关系，是依赖伴随着抗争。在治理黄河的历程中，先民们通过深邃的思考和艰辛的劳动，产生出强大的创造力，铸就了一个个不可磨灭的黄河文明符号。

　　"拉起咱的硪啊，嘿哟嘿哟，慢慢往前挪啊！"一声声古老而粗犷的黄河号子，奏响了庄敬自强的劳动人民战天斗地的辽阔壮歌。浊浪滔天的大河之畔，船工们弓背弯腰的身影，伴着他们燃烧不息的生命之火，跃动在关于黄河的人文记忆深处。

大河流淌，伴着劳动者的吼唱

　　黄河号子的历史，最早可追溯至宋朝。《宋史·河渠志》中记载："凡用丁夫数百或千人，杂唱齐挽，积置于卑薄之处，谓之'埽岸'。"其中"杂唱齐挽"一词生动描述了千百人在黄河岸边一同劳作、呼喊和歌唱的情形。

　　黄河号子也叫河工号子。这是一种纯粹由劳动者创造、也由劳动者倾听的民歌。是黄河儿女在与黄河险滩激浪的抗衡中，逐渐形成的伴随一定节奏、不断起伏变换的口号式歌唱。从行舟黄河时，迎风破浪的船工之歌，到加固堤坝、防洪抢险劳作中"嘿呦嘿呦"的齐声呼喊，黄河号子在沿黄地域发展出埽工号子、船工号子、硪工号子与抢险号子等不同类别，使整条大河中都流淌着劳动者的声音。

船工号子，是黄河船工在操作船只，与风浪搏斗时喊唱的号子。根据操作环节的不同，船工号子又可分为拨船号子、行船号子、推船号子、拉篷号子、爬山虎号子等。它的节奏随着河道的变化而变化，若水流湍急，船工们就喊长号"喂号"，三步一声；若水流舒缓，船工们就喊短号"喂号"，一步一声；而在风平浪静时，船工们则改喊曲调优美的"花号"。

埽工号子，是河工们在捆抛"柳石枕"时为协调发力喊出来的号令。河工们要在最短时间内依靠有节奏的爆发力，将数吨重的树枝和石头的混合体推入大河的出险位置。此时，铿锵有力的"埽工号子"能将众人分散的力量拧成一股结实的合力，人们歌声起伏，动作划一，不卑不亢地与源源不断的洪峰做着一次又一次正面交锋。

硪工号子是沿河民众修堤筑坝，用"硪"夯实堤坝顶部时喊唱的号子。其中以黄河中下游每年春秋两季筑堤劳动中所流传的"工号"最为壮观。由于打硪的工作繁重而单调，又需要集体配合，硪工号子称得上是一件不可或缺的鼓劲儿"利器"。硪工号子的名目繁多，大多根据其使用时的架势而命名：一掂一打的"老牛号"节奏缓慢，让人想起老黄牛在日落时分的低吟；沾地就起的"流星号"节奏急促，像是夜晚流星般倏然而起，一闪而落。

黄河抢险，惊心动魄。抢险中喊唱的号子，便是最具艺术感染力、最蔚为壮观的一类。抢险号子是黄河沿岸群众从事打桩拴绳、捆枕拉绳、推枕入水这类抢护洪水造成的险情时喊唱的劳动号子，分为节奏明快、高亢激昂的"骑马号"，节奏缓慢的"绵羊号"，先慢后快、柔中有刚的"小官号"和曲调优美、娓娓动听的"花号"。抢险号子的唱词大多取自历史故事，也包括因"触景生情"而即兴创作的内容。

当代能搜集到的黄河号词仅数百首，主要由于其即时性、随意性的创作特点，人们无法将号词悉数记录完全。但这种随时随地创作演唱的特点，恰恰是黄河号子独特的魅力所在。在奔腾不息的黄河之上，劳动人民生生不息的劳作，就是黄河号子诞生、成长和延续的沃土。

朴实无华，唱出力与美的合声

由古至今，黄河号子响彻数千公里的黄河流域，没有伴奏乐器，更没有专门的表演场

河工们喊着黄河号子进行抢险劳作　资料图

所。然而正所谓"大道至简"，这种战天斗地的大气概与幕天席地的大场景，胜过所有的伴奏与舞台。即便没有任何一位黄河号子歌者可称得上真正的艺术家，但他们呼喊出的声音却有着独特的、巨大的艺术感染力。

"这边鼓、那边锣，我们河工治理黄河……""呦嗬嗨，一线职工不平凡呀！不平凡！嗨呦，呦嗬嗨，再苦再累，不怕难！不怕难！……""南头，用劲！北头，慢点！"也许这些号子的创作者并不懂文学，也不通音律，但对于老河工们来说，这些朗朗上口的号词是俯拾即是、信手拈来的天成之作。

所有功能型音乐的出现都有其独特的客观成因。河工们从事着繁重的体力劳动，需要运用全身力气挥动工具或拉紧纤绳。发力的刹那间，他们腹内憋足的气必须随着喊号声释放出来，才不至于损伤内脏。因此，在劳动中辅以"嗨""哈"的简单号子，不仅是为了提振士气、提高效率，更是劳动者自我保护的一种本能行为。既然是为劳动服务，那么号子的歌词不能太"弯弯绕"，太绕了会令人费解，不适合发力的节奏；同时声调也不能过于婉

河工打夯时的部分劳作用具　陕北民歌博物馆藏　白巧宁摄

转，曲调难度不易过大，不然会"曲高和寡"。所以黄河号子大多合辙押韵，韵脚为入声，同时伴随很多语气助词。"一声的号子，一身的汗！一身的号子，一身的胆！三声号子又一滩……"伴随着劳动动作不断重复，号子的律动性和节奏感给了劳动者统一的动作指令，也生发出了一种特别的美感。

"一领众和"是黄河号子的又一大特点。领唱者是集体劳动中的指挥者，其演唱的部分是歌词中最重要的陈述部分，音乐形式灵活、自由，曲调和唱词常有即兴变化，旋律多上扬，高亢嘹亮，有呼唤、号召的功能。领唱者往往交替使用紧张型与舒缓型两种号子，用以调节劳动强度，适当减轻河工们的疲乏感。而和唱的部分大多是衬词或重复领唱者的唱词片段，音乐形式较固定，变化少、节奏感强，常使用同一乐汇或同一节奏重复进行。

在驾船行舟过程中所演唱的"船工号子"，其形式和内容更为丰富。号词除了操控船体的一些口诀，也有船工生活中的种种轶事，还有些内容取材于历史典故、民间传说和地方戏曲。最大的特征是曲调会随着船行河段水流的变化而变化。当船冲至激流之中，人们凝心聚力挥舞船篙与浪涛搏斗时，喊唱的号子几乎没有号词，只有低沉短促的"嗨！嗨！嗨！"等单音节词；当船行至水流平缓的河段时，船工们的号子也逐渐变成缓慢悠扬的叙事型曲调。

黄河号子，演绎"黄河精神"

黄河号子是在日复一日的劳动中提炼出来的，也是为抒发真情实感唱出来的。它的内核正是我们今天所说的"团结、务实、开拓、拼搏、奉献"的自强不息的"黄河精神"。

在生产中，黄河号子是保证大家步调统一、效率至上的发令枪。例如在搂厢时，领号人喊："丢这根、拉那根、拿凿子、拴绳……"众人接喊："嗨！嗨！"这样动作才能整齐协调、行动一致、用力均衡，石硪也就拉得高、落得平、砸得狠。号子又像军阵中的战鼓，让河工们克服疲劳，振奋精神。每当打桩遇到硬土层，桩子打不下去时，领号人便马上加大音量喊号，众人也一齐加大力度，很快就可攻克难关。由此可见，黄河号子鼓舞士气的作用十分显著。

正是人们一次次与黄河洪水的顽强抗争，使黄河号子的内容越来越丰富多变。因此，黄河号子既是一部人们与黄河相处的历史，又是一部沿黄地区民间艺术产生、发展的历史。它记载着大量各个时期的经典故事和人文掌故，也演绎着中华儿女奋勇拼搏、自强不息的"黄河精神"。

《黄河大合唱》曾在抗日战争时期鼓舞了全民族的斗争士气，其第一幕《黄河船夫曲》，便是词作者光未然、曲作者冼星海从黄河号子中汲取的灵感，是表现"黄河精神"的匠心之作。

1938年11月，诗人光未然带领着抗敌演剧三队，从陕西宜川县的壶口附近东渡黄河，转入吕梁山抗日根据地。途中，他目睹了黄河船夫们与风浪搏斗的情景，聆听了气势磅礴的船工号子，不禁心潮澎湃。次年1月抵达延安后，光未然写就《黄河》词作。冼星海听到《黄河》朗诵后心生巨澜。在延安一座简陋的土窑里，冼星海抱病连续写作，半月之内完成了《黄河大合唱》八个乐章及伴奏部分的全部乐谱，成就了这部代表着中华民族不屈精神的经典音乐作品。

在《黄河船夫曲》中，先描绘了船夫们与狂风恶浪顽强抗争、昂然向上的壮阔气概；又展现了船夫们穿越急流、靠近河岸后油然而生的欣慰之情。由此隐喻所有的苦难都会在奋斗

《七月黄河》 段正渠绘

中消逝，革命的胜利必将属于人民！

咏唱经典，号子"声声不息"

治理黄河，时刻面临着惊心动魄的场景。经验丰富的工匠，也常常是黄河号子的传承者。

1936年，从事河工多年的李建荣，开创了一种新的"柳石滚厢"（柳石搂厢法之一，用于抢护水深流急的大险和恶险）制作方法。这种方法相较之前的搂厢，改用绳索纵横交错固定，在急流中能安稳下沉，不易发生"漂柳跑埽"事故。在当时是相当先进的发明。时人为之取了个文雅的名称，叫作"风搅雪"。作为家族的第二代河工，善于钻研的李建荣对于黄河号子也很有研究。

20世纪80年代初，李建荣的孙子李富中成为第四代河工。他不仅向爷爷学习到很多治理黄河水的经验知识，更将黄河号子这门艺术接了过来。靠着十几盘录音带、两台录音机，李富中把爷爷掌握的号子录下来反复学习，十分痴迷。

李富中通过不断挖掘、整理传统黄河号子的声调和唱词，熟练掌握黄河号子早、中、晚不同时段的演唱和呼喊方式，编写了《黄河号子》一书，并用于教学传播。另外还力主推行黄河号子的立体化表演，开设专题讲座培训，拍摄纪录片记录传唱，为黄河号子的传承发展做了积极的贡献。

经过传承者们的多番挖掘和整理，黄河号子于2008年入选第二批国家级非物质文化遗产名录，从此有了再度成长的土壤。2018年，李富中被文化和旅游部认定为黄河号子的国家级传承人。

在与大自然的对话中，人的能力表现得越来越强。现在的黄河防洪治理，已经有了系统性的应对措施。即便是如李富中这样的河工世家，也无需再费尽劳苦用人工去夯土打硪治理黄河了。在强大的工业制造能力和建设能力面前，"黄河号子"已经失去了其应用场景。很多还能准确记住黄河号子内容和喊唱方法的老一代河工，也已经渐渐离开，导致不少号子品种慢慢消失在了历史的长河中。

然而，黄河号子作为黄河文化的一个重要组成部分，记录和呈现了中华民族热爱劳动、热爱生活、热爱艺术的美好情操，以及豪放乐观、奋勇拼搏、百折不屈的精神境界。它是气势磅礴而又婉约多姿的黄河文化的突出代表，也是人与河相生相伴的最生动的人文写照。

近年来，在黄河国家战略的助推之下，这项传唱了多年的非遗技艺，再次嘹亮了起来。河南省非遗保护中心、河南省文化馆及郑州市文化馆，曾经多次举办"催人奋进 响彻千年——国家级非物质文化遗产代表性项目黄河号子展示展演"等主题宣传活动，并通过"文化豫约"平台、凤凰网进行在线直播，赢得了广大观众的高度认可。此外，经由改编与活化后的黄河号子元素，在声、光、电的包装下多次出现在当代文艺作品以及当代舞台演出中。这使古老的黄河号子即便离开了劳动场景和滔滔河水，仍能出现在人们视野中，赢得自己的一片生存空间，绽放自己的独特魅力。

黄河号子，曾经在清冷的岁月里，成为代代河工追求生活平安、河清海晏的一种艺术化的吁请。虽然如今的黄河号子已经不再用于为劳动伴奏，但其所代表的勤劳、奋进、团结的精神，依然在潜移默化地影响着当代中华儿女，这是我们民族的精神瑰宝，应当在代代传唱中，永志不忘。

黄河小浪底水利枢纽调沙景象 视觉中国供图

在河南洛阳盐泽黄河湿地公园上空俯瞰河水冲刷后的黄河

河洛大鼓：

声动中原　春满洛城

　　左手钢板，右手鼓槌；一张海口，数尺舞台。节奏张弛之间，或表良辰美景，或陈慷慨悲歌，历尽千载的沧桑旧事，都在艺人的说唱之中尽数展现出来。"神都"洛阳，不仅有千古风月和满园牡丹，还有河洛大鼓的悠悠韵律，伴随着黄河东去的波涛，绵延不绝。

　　河洛大鼓，流行于豫西的洛阳、孟津、登封等地。在当地，也被称作"说书"，是一种融合说、唱、奏等多种艺术表现形式的民间音乐品种，是用豫西方言唱响在河洛大地上的独有华章。凭借浓重的地方色彩和广泛的艺术影响力，河洛大鼓在2006年即入选首批国家级非物质文化遗产名录。

博采众长，熔诸艺于一炉

　　"河山控戴，形胜甲于天下"。古都洛阳向来有"天下之中"的美誉。从周朝礼乐到汉唐歌舞，洛阳在历代古声古韵中不断陶冶涤荡，涵养出了丰沛的文化气息。"谁家玉笛暗飞声，散入春风满洛城"，即便是诗仙李白，也会在洛阳幽怨的笛声中，怀念起故乡。

　　作为古时繁华兴盛的大都市，洛阳城的舞榭歌台之上，曾有无数艺术门类次第登场。唐代的"说话"、宋代的"儿词""诸宫调"、元明清的大鼓书、琴书等，都曾辉煌一时。清末民初，一种融合了多种艺术形态的新派曲种出现了。这种被称作"大鼓书""鼓碰弦""钢板书"的活计，由洛阳偃师发端，迅速赢得了豫西大众的喜爱。

关于河洛大鼓最主要的根脉来历，有研究者认为始于洛阳琴书和南阳鼓书的融合。据《洛阳志》等较为权威的资料记载，清朝末年洛阳一带流行过一种叫"琴音"的曲艺，也称"洛阳琴书"。"琴音"最早的伴奏乐器是传统的七弦古琴，其说唱形式文雅考究、旋律婉转、节奏缓慢，演唱的内容大多是男女爱情故事。"琴音"早期主要在达官显贵之间流行传唱，后逐渐流传到民间，被百姓称为"琴书"，其伴奏乐器也由七弦古琴变成扬琴，还加入了四胡、三弦、二胡、小铰子、八角鼓等其他辅奏乐器。

为谋生计，琴书艺人段雁、胡南方、吕禄结为金兰之交，并于1905年到南阳行艺。机缘之下，他们与当地鼓书艺人李狗儿搭班。李狗儿演奏大鼓时，三人用琴书乐器为其伴奏。后来也会借用单大鼓的"书鼓"和"钢板"来助演，未曾想，此举改变了琴书传统缓慢单一的节奏，融合出一种新的演唱方式，即"鼓碰弦"。三人从南阳回来后，这种全新面貌的曲艺形式在偃师一带受到人们的欢迎，随后以偃师为中心迅速在伊河、洛河两岸传播，广泛流行于豫西大部分地区。至20世纪30年代中晚期，大鼓书已经有了相对稳定的曲艺市场，艺人们斗艳争芳，不断创新、丰富演出内容和技巧，大鼓书的发展达到了一个高峰。

新中国成立以后，民间曲艺得到了国家的认可与扶持，大鼓书进入了新的发展阶段。20世纪50年代初，偃师县二代鼓书艺人张天培到北京演出，慰问抗美援朝归来的志愿军战士。周总理观看演出后问张天培："你演的叫什么曲种？"张天培回答："这是我们河洛地区流行的地方曲艺——大鼓书。"周总理说："那就叫河洛大鼓吧！"根据周总理的建议，人们将大鼓书这种曲艺形式正式命名为"河洛大鼓"，并沿用至今。

行路江湖，声声鼓响街知巷闻

书桌、书鼓、钢板、折扇、醒木，这就是河洛大鼓表演的大半家当。书桌用来摆放演出工具及茶水等物品，还可充当剧中道具，比如场景若设置为金銮殿，那它就是龙书案；如果是在公堂上，它就是公案；若是比武场上，则有时候要充当擂台的角色。书鼓和钢板是必

河洛大鼓伴奏乐器——三弦　一味摄

河洛大鼓伴奏乐器——梆子　一味摄

河洛大鼓伴奏乐器——大鼓和月牙钢板　一味摄

须有的打击乐器，其他的道具根据艺人需要可有可无。伴奏乐器包括坠胡、三弦、二胡、琵琶、扬琴等，其中坠胡是必不可少的主弦。

　　"撂地儿"是河洛大鼓最常见的行艺方式。只要有块空地，摆一张桌子，安儿个凳子，听众们围坐好，书场就算布置好了。如果是家户请说书，书场则设在农家院子里或者窑洞、房屋内。唱堂会一般都在厅堂内，不设舞台。唱棚书或在曲艺厅演出时，一般会设有小型舞台。

因为内容上接地气、表演形式上机动灵活，所以河洛大鼓经常出现在热闹集市、街头巷尾或村庄庙会上，是真正的生在民间、长在民间的曲艺。早年间的河洛大鼓，属于江湖卖艺的生计，艺人们或单挑独干，或自由结成二人及二人以上的班组、小团体合作演出。在表演形式上，河洛大鼓可分为单大鼓、自拉自唱、一唱一拉、一唱二拉、多人组和歌舞化表演等。

单大鼓没有弦乐帮衬，说唱人一手执板，一手执鼓槌。道白的间隙会用钢板、鼓点作为过门，来烘托气氛。由于没有弦乐来包音和拖腔，单大鼓的唱腔对艺人的嗓音是一个很大的考验，只有拥有深厚演唱功底并熟练掌握用腔技巧的人，才能连续演唱两三个小时。自"鼓碰弦"兴起之后，单大鼓这种表演形式就几乎没有了。

自拉自唱是集演唱、伴奏、击节于一体，俗称"撺独条儿"。这类艺人往往技艺精湛，手、足、口并用，既要想词运腔，又要拉弦伴奏，还得配上节拍，有的艺人甚至能同时操作六七样伴奏乐器。演出时，他们边拉弦边演唱，腿上绑着脚蹬梆子打节拍，道白时腾出手来

河洛大鼓传承人王玉功（左）和伴奏者
王彦子一同演唱河洛大鼓 一味摄

河洛大鼓民间舞台表演　张光辉摄

打钢板。一切配合有序、忙而不乱，令人赞叹。

一拉一唱的二人组和一唱二拉的三人组是河洛大鼓演出中最常见的组合形式。这种演出形式较单大鼓和自拉自唱而言，说唱与伴奏分工明确。二人组中演唱者负责钢板、鼓点击节和说唱，伴奏者手拉坠胡，有的腿上绑脚蹬梆子打节拍，根据说唱情节专职伴奏，时而配合着唱几句道白。三人组的伴奏部分中，一人拉坠胡为主弦，另一人用三弦、琵琶等乐器为辅助。这两种组合形式极大提升了河洛大鼓的艺术呈现效果，成为河洛大鼓最主流的演出方式。

多人组是一人主唱多人伴奏的演出形式。依旧以坠胡为主弦，适当搭配弹拨乐器，如三弦、琵琶、扬琴等，也可以配上二胡甚至小提琴、电子琴等西洋乐器和电声乐器。多人伴奏的河洛大鼓演出规模更加宏大，因而常用于大型的演出活动中。

20世纪80年代后期，一些思想活跃的河洛大鼓艺人尝试改革创新，将流行歌曲、舞蹈元素等融入河洛大鼓中。演出时仍采用河洛大鼓的基本演奏乐器，如书鼓、钢板、坠胡等，但极少沿用河洛大鼓原始唱腔，而是大量吸收运用流行歌曲的唱法，并加入一些电声乐器，创作了如《游河南》《牡丹之歌》等一批新式作品。除了革新演唱方式，在一些大型综艺晚会中，还为河洛大鼓编排了舞蹈表演，伴舞者有的也使用书鼓和钢板，但大多只是作为舞蹈过程中的造型道具。

坠胡书鼓，诸般乐器各有门道

河洛大鼓的主奏乐器为坠胡，又称坠子、坠琴，演奏艺人左手抚琴杆，上下滑动，按、揉、滑、颤、拨弦、泛音、双音、打音，幅度很大；右手持弦弓，推、拉、连、断、顿、连断、连顿、分弓，时而慢推时而快拉，大开大合如苍龙出水，连断连顿如快马奔腾。

坠胡琴筒是木制的，外观像两个一小一大的圆形筒结合在一起。琴弦共有两根，由马尾制成，分别称为一弦和二弦。琴弓由竹子制成并系以马尾，在一弦与二弦内运行拉奏。其音量大、音色美、音域广，是件善于抒情的乐器。坠胡成为河洛大鼓的主奏乐器后，使得河洛大鼓一改鼓板伴奏的单调，为大鼓音乐增添了柔和的色彩。

书鼓为打击乐器，属于锤击膜鸣乐器，是北方曲艺说唱音乐中重要的伴奏乐器。书鼓的鼓身为木制材料，形状呈扁圆形，高度多为九厘米左右，鼓身周围一般染朱漆，颜色红艳明亮，书鼓的鼓面多用牛皮蒙制而成，鼓槌多用竹类材料制成，长约二十厘米。

书鼓的鼓点分为两种类型，第一种是书鼓和钢板同时击打，称为"顶板"，艺人在每小节音乐的强拍上敲鼓点。第二种鼓点在行话中称为"空板"，又称"掏花儿"，钢板在强拍上敲击后，鼓点紧接着在弱拍上敲击，板落鼓起，好似一问一答。在一首曲中，两种鼓点通常相互配合，交替进行，以此展现情节变化和人物心理。

钢板是河洛大鼓演出的特色乐器，在整个乐队演出中，钢板起着掌握节奏的作用。其形状呈半圆造型，直径约15厘米，厚约1.5厘米，形制较小，便于手持。钢板的半圆形状好似一轮弯弯的月牙，因此又被称为"月牙板"。这件打击乐器银光闪闪，为河洛大鼓唱腔伴奏时声音清脆洪亮、悦耳清洌，效果比从前的铁制击节乐器更好。钢板虽小，却在演出中负责指挥协调其他乐器，河洛大鼓唱腔的旋律与伴奏常常要服从钢板的节奏。

在河洛大鼓的伴奏乐器中，三弦是后来加入的品种。三弦由于共有三根弦而得名，琴头由木质材料制成，有三个把位。琴杆为柱状体，表面平滑。琴弦一般使用钢丝弦或丝弦制成，分别称为外弦、中弦和内弦。琴鼓指的是三弦最下面的共鸣箱，蒙以蟒皮制成，形状为椭圆体。三弦的音色既可清脆明亮又可抒情浑厚，是件富有表现力的旋律乐器。

随着时代的演进，琵琶、扬琴等民族乐器也加入配器行列，丰富了河洛大鼓的表演。更有头脑灵活的表演者，在河洛大鼓演出舞台上加入大提琴等西洋乐器，打造电声乐队，为这一古朴的艺术增添了新的活力。

说长道短，字里行间都是传奇

河洛大鼓的演唱题材非常广泛，从内容上讲，有劝家书、逗笑书、言情书、公案袍带书、朝阁书和武侠书等；从形式上讲，有短篇书帽、中篇书段和长篇大书。

河洛大鼓表演习惯在开头设置定场诗，内容不限，或紧扣后面演唱书段，或劝人为善，或逗人一笑。随后是垫场书帽，垫场书帽是在大书正式开始前的一个热场书段，演唱时间较

河南洛阳的民间艺人在表演河洛大鼓　视觉中国供图

短，一般演唱半个小时左右，用以在正式开书前稳定书场，等待听众。垫场段的内容和演唱方法都比较简单，一般由艺人所带的徒弟演唱，用来锻炼他们的基本功和磨炼胆量。垫场书帽内容大都是幽默、逗趣的小故事或绕口令等，如《小两口抬水》《王婆骂鸡》《颠倒颠》《玲珑塔》等。

中篇书段是介于开场书帽和长篇大书之间的唱段，演唱时长一般为一至三个小时。中篇书段根据内容一般可分四类：劝家书、历史故事、民间传说以及愿书。其中，劝家书作品占比最大，通常以富含哲理的故事启发人们向善、行孝，有明显的教化功能。

历史故事和民间传说是中篇书段中最受群众喜爱的一类，虽然没有长篇大书那样大开大合，迂回跌宕的情节，但故事完整，叙事方式也引人入胜。代表性作品有《罗成算卦》《姜子牙卖面》等。

愿书在中篇书段中也有着重要地位。当地民间，在请愿还愿、婚丧嫁娶、添丁祝寿等场合，主家都会请一班说书人进行表演。因此，河洛大鼓除了作为茶余饭后的消遣娱乐之外，还承担着特殊的社会功能。

河洛大鼓自形成至今，长篇大书始终占据着主导地位。一个大鼓书艺人必须会唱一两部大书才能称得上"技艺到家"。想要唱大书，第一步先要把整本书词背下来，经过反复的练习，达到烂熟于心的水平才敢拿到书场上演唱。因为只有熟练掌握书词，才能随机应变，运用自如。

长篇大书具有传奇性、连贯性和曲折性等特点，一环扣一环，一波未平一波又起，使听众听罢一场意犹未尽，还想接着听下一场。演唱的内容有描述伤恨离别、家务琐事的言情书、家务书，如《破镜记》《洗衣记》等；也有曲折离奇、扑朔迷离的公案书，如《刘镛下南京》《包公案》等；还有善恶较量的朝纲野史演义，如《杨家将》《回龙传》等；更有驰骋疆场、刀光剑影的武侠故事，如《侠女英雄传》等。

千回百转，有说有唱倾诉衷肠

河洛大鼓的唱腔热情洒脱，不仅具有歌唱性与抒情性，还极具故事性。河洛大鼓的基础板式是【平板】，【散板】【头板】【快板】等其余板式都是在【平板】的基础上发展改变而来。

艺人们会根据曲目中不同的故事情节来调用不同类型的板式，也会根据曲目中不同的句式结构，采用不同的板式变化。

艺人们常以"说着唱"的形式来抒发情感，以"垛起来唱"的形式来叙述故事情节，以"叹着唱"与"压低唱"的形式来倾诉苦衷，而"叹着唱"到了一定程度，便需要以"哭着唱"的形式来体现悲伤哀怨的情绪，当情绪转换为愤怒之时，则以"怒着唱"的方式表达出来。

河洛大鼓是用河南方言来进行说唱的曲种，经过长期的发展演变，河洛大鼓的唱腔语言不仅有民间曲艺的共性特点，还具备鲜明的地域色彩，可谓雅俗共赏、老少皆宜。河南方言特有的四声调值规律影响着河洛大鼓的旋律形态，同时也赋予了它独特的音乐表现力和浓郁的地方风格。一些唱词如果采用普通话的发音方式，就会造成曲词结构失韵，甚至出现跑调的情况，因此可以说，是河南方言成就了河洛大鼓的独特魅力。

在题材内容方面，河洛大鼓具有选材广泛的特点。民间艺人们将各个历史时期中具有河南地方特色的风土人情、民间故事都融入河洛大鼓的创作中，为河洛大鼓的创作积累了丰富的素材。此外，河洛大鼓还借鉴了许多当地民歌、小调、戏曲中的音乐形式以及方言俚语中的词汇，这些都不断加深着河洛大鼓的艺术表现力和感染力。

在河洛大鼓的传承方面，第三代艺人崔坤、程文和等做了大量的整理工作，丰富了河洛大鼓的理论体系。第四代艺人段界平、尚继业、王管子等，用扎实的唱功不断推动着大鼓艺术的革新发展。从第五代大鼓代表人物王小岳开始，河洛大鼓开始与现代音乐和舞蹈相融合。如今，借着国家非物质文化遗产保护的东风，河洛大鼓依然活跃在牡丹文化节、河洛文化节、文化遗产日等各个重大节会中。

悠悠万事，鼓之唱之。鼓槌起落之间，大腔大口、豪迈激越的河洛大鼓，为河洛儿女带来了无与伦比的艺术享受，是他们独特的情感寄托。我们期待着这个历经百年的经典曲种，在传承保护中能够焕发出新的活力。让那悠扬的鼓声琴韵，如同永恒的星星般，在中国曲艺文化的银河中恒久璀璨。

河南洛阳黄河、洛河、伊河三河汇流景观　视觉中国供图

黄河小浪底库区山清水秀　李培献摄

河南坠子:
一梦繁华贯古今

如果说大河是自然造就的恒久巨构,那么音乐就是人文涵养出的多变旋律。涛声起落,云影聚散之间,飘荡于不同历史时空中的曲调也各不相同。古老的中原大地,具有宏富的人文积淀,因而留下无数经典华章。

"新声巧笑于柳陌花衢,按管调弦于茶坊酒肆"。诚如《东京梦华录序》中所呈现的景象,雄踞于汴水和黄河之畔的"八朝古都"开封,曾以如《清明上河图》中的那般繁华,舒展出一派仪态万方的欢腾。经年累月间,此地汇聚出了数量可观的传统艺术形式。风靡北方多地的"河南坠子",即发源于此。

大宋御河畔,琴声宛然

开封,曾是中国历史中文化气象极其殷盛的一座名城。此处曾是诸多英豪龙骧虎步的舞台,诞生过一桩桩脍炙人口的动人传奇。这里存留过信陵君的英气勃发,也目睹过包龙图的刚毅果决。帝王将相、才子佳人次第登场,精彩戏码接踵而至。这些留名青史的人物,恰是传统艺人们一咏三叹的绝好素材。

北宋时,作为都城的开封,风气开化、街市熙攘。借着运河漕运的便利,以及当时朝廷官家的推重，开封成为当时名副其实的文化艺术中心。让人惊叹的是，开封的主城区并不像其他诸多古城那样不断飘移，它的城市中轴线从未变动过。不论时光如何冲刷，这座古城的定力和重心始终固若磐石。因此，今天开封的"大宋御河"依然是《清明上河图》中所绘的那条河。更为可叹的是，纵然时过境迁，处处已是高楼林立，但丝竹之声，依然穿透了时代的障壁，清越宛然。

河南坠子，是大宋御河风景区附近经常能听到的曲调。演奏者会发动所能用上的所有乐器，集中"火力"演奏上一会儿，此谓"闹场"，为的是让往来观众屏息凝神，将注意力集中在表演上。一旦听到由两根方木做成的"简板"有次序地敲打起来的时候，大约就要进入开唱的节奏了。随着节奏由紧变慢，整段"过板"稍做停顿后，便听到地道的河南味儿唱词悠悠地响了起来。

> 黄金难买父母恩，
>
> 孝顺生的孝顺子，
>
> 忤逆养的忤逆人。
>
> 我说这话你不信，
>
> 看看你村街上人，
>
> 老猫枕着屋脊睡，
>
> 都是辈辈往下轮……

这首曲子，便是河南坠子中的名段《十大劝》。其节奏与唱词配合得天衣无缝，颇有些苦口婆心唠家常的味道。类似于这样的曲目还有很多，比如《老来难》《大实话》等等，都是从家长里短、人情世故的内容出发，教人向善积德的作品。这些作品篇幅普遍不算大，最长也不过十余二十分钟便能演唱完。

当然，除了这些"小段"，河南坠子亦有长篇大作，便是各种各样的"大书"，诸如《响马传》《包公案》《五虎平西》等。艺人们一章一节地进行表演，甚至能一连唱上十几天。虽说研究者普遍认为河南坠子起源于开封，但是细分起来，如今各流派的坠子在艺术特点上还是有一定分别的。比如开封、郑州、许昌、漯河等地，往往归于"西路河南坠子"；而商丘、周口等豫东南地区，以及邻近的安徽亳州一代，因为方言差异和演奏风格的不同，被泛称为"东路河南坠子"。此外，流传于山东等地的坠子也是风格明显，自成一家。

从演奏特色上来看，西路河南坠子脱胎于三弦书，更多地融合了梆子、越调等乐器的演奏方式，因此演唱声音更加清亮激昂，节奏感更强。而东路流派则由道情戏转化而来，琴书、丝弦用得更多，唱腔也更婉转多变。此外，由于早年间西路河南坠子的代表艺人较早进入城市献艺，较短的唱段更适合城市观众的欣赏习惯，故而西路坠子多为短小精悍的作品。留在本地的东路艺人，则将坠子长篇大书的传统延续了下来。正因如此，河南坠子有"西路段，东路书"的说法。只不过，随着社会节奏的加快，艺人们对作品形式不断进行改良，如今大多数地区新创作的曲目都是以短篇小段为主。

但无论如何演变，只要那坠琴一响，御河边的古韵就随之流淌起来了。

"坠琴"之变，艺术汇流

河南坠子，其名源于一种叫"坠琴"的乐器。这一曲种的诞生，也得益于这一主奏乐器的不断改进。

清朝末年，河南东部流传着道情、莺歌柳、三弦书等很多种曲艺形式。其中"小三弦"这一弹拨乐器被广泛应用。但是很多演奏者发现，小三弦在演奏尾音拖腔的时候，音色变化不够丰富，导致表现力不足，跟不上演唱者情感的变化。所以有些乐师便在小三弦的外弦和中弦之间穿上一支马尾弓，兼作拉弦乐器使用。后来，随着曲艺演唱风格的再度改进，乐师又把小三弦琴箱的蟒皮面换成了桐木板面，并去掉了里弦，于是形成了一种新的乐器——坠琴。

坠琴之变，是为了适应唱腔之变而产生的，乐器的更新也让新的唱法、唱段有了落地的可能性。早期的坠琴演唱，形式比较简单，基本上属于自拉自唱，大部分表演都是唱腔平直单一的"独角坠子"。而当其开枝散叶，不断与其他曲种融合之后，演唱风格也发生了鲜明的变化。

比如坠琴在发展过程中，由于民族融合等社会因素，在形制和演奏技巧上融入了"四胡"（又称四弦、二夹弦，源于古代奚琴）的风格。而随着坠子戏与道情、大鼓等各类表演艺

演员在宝丰县马街书会上表演河南坠子《咱们的中国节》 视觉中国供图

术的交流互鉴，又有"脚梆子""扁鼓"等乐器逐渐加入伴奏队伍中，坠子表演风格也更趋于多变。从规模上看，由一个人的独唱逐步发展为多人分角色对唱、轮唱，情节更加饱满，唱腔也更为丰富。尤其是女性艺人的加入，让河南坠子的艺术水平进一步提升，也随之诞生了一大批名角。

1914年前后，河南坠子从露天卖艺搬进了茶馆酒肆中表演，到20世纪30年代，逐步进入了繁盛期。仅在郑州一带，就有刘明枝、刘桂枝、刘宗琴三位名角儿，时称"郑州三刘"。她们虽然同姓刘，名气也同样响亮，但在表演风格上却各擅胜场，尤其以刘桂枝的妩媚、刘宗琴的豪迈所形成了鲜明对比，为人所乐道。

发展于商丘一代的东路坠子，也于此时逐渐形成了自身的风格。在历经了亳县、虞城县道情艺术的滋养之后，一大批年轻艺人成长起来，如张大贵、刘世红、王玉兰、王玉凤等，都曾远近闻名。他们所创作并传唱的《宝玉探病》《换当家》等名段，都是东路坠子的经典作品。

另外，在新乡和安阳等地，也有一些艺人吸收了梨花大鼓的艺术特点，创造出了具有"京口"特色的坠子。这一派的创始人有乔利元、乔清秀等，尤在"平腔"（曲艺音乐的一种腔调名称，是京韵大鼓、河南坠子等曲种的基本唱腔）方面创新良多，因此也被称作"乔派

西路河南坠子市级非遗代表性传承人胡秀然在教
学生打简板　视觉中国供图

坠子"，代表作有《昭君出塞》等。

正是这一大批各怀技艺的坠子传承者，让这门艺术声名远播。除了在郑州、开封等原生地域广泛传唱，河南坠子很早就传入了天津、上海等大城市的商埠码头。20世纪30年代，随着河南人口向西发展，又传入兰州、西安。其后又因时局的变迁，逐渐发展到武汉、重庆甚至香港等地，其影响范围之广，在我国传统地方曲艺中也可处前列。

新中国成立后，河南坠子因其巨大的民间影响力，一度广受民众欢迎。创作出《十女夸夫》《小姐俩摘棉花》《考神婆》《魏兵义下江南》等反映时代新气象的作品，在全国取得了很大的反响。与此同时，以马玉萍、刘慧琴、李少华为代表的新一代坠子演员迅速成长起来，为了顺应时代的发展，她们在坠子的表演技巧和乐器编排上做了大量的探索和创新，极大地推动了河南坠子进一步向前发展。

自20世纪90年代起，随着社会文化艺术资源的迅速丰富，百姓文娱生活有了更多选择，原本家底丰厚的河南坠子经历过一段低迷岁月。2006年5月20日，经国务院批准，河南坠子被列入第一批国家级非物质文化遗产名录。这项古老的民间艺术，在国家的保护下，进入了新的发展时期。

天理人伦，时光总是唱不尽

河南坠子的歌调相对比较简单，乍听起来，似乎从头至尾也没有什么大起大落，但其妙处就在于，配合上河南话的抑扬顿挫，味道便大不相同了。有经验的艺人，会根据自己的年龄和嗓音条件，做个性化的演绎。同一个作品，不同的艺人对于节奏的拿捏、细节的处理不同，所营造出的演唱效果也完全不同。

坠子的唱腔，一般经过引子、平腔、送腔、尾腔等递进顺序。从唱词长短分，有三字崩、五字嵌、七字韵、十字韵、滚口白等唱法。当"闹场"结束后，演奏者开始弹奏"大过板""小过板"，随着清脆的简板敲打声，艺人开口进入"引子"阶段。引子通常只有一到两句，主要功能是为接下来的主体部分——"平腔"铺陈背景，引入情境。

平腔是整个唱腔段落的主题。容量比较大，起承转合工稳流畅，主要用来展现所演唱故事的情节。不同流派的平腔各有特点，比如乔派坠子，其平腔就分为三个小段，即开唱段、叙述段和收束段。各个唱段之间，在韵律和歌词上独立成章，又充分呼应，显得内容饱满、情感流畅。有时根据情节的需要，艺人们也会在原来平铺直叙的平腔中，加入一个节奏变化

演员在演唱河南坠子《冰泉梦》 何五昌摄

明显的"插段"。这些插段常常以念白的方式呈现，很多都以插科打诨的戏谑语气表现，起到调整节奏、调动观众情绪的作用。

值得一提的是，河南坠子大部分的唱词，为上下对偶的句子，多数是七个字或者十个字为一句。当需要实现更丰富的表现力时，还可以在其中加一些虚词作为"衬字"，来增加节奏变化。比如《徐延忠搬兵》中的一段：

远观城头高三丈，近听城里一窝蜂。

马踩吊桥如擂鼓，人走吊桥有响声。

城门本是铁叶子裹，馒头大的菊花钉。

一个垛口一蹲炮，一杆旗下一营兵。

滚木礌石城头放，四个角上挂风铃。

为啥一样的铃儿两样响，那本是四个铁来八个铜。

这样上下对偶的句式、有规有矩的唱腔，让河南坠子逐渐成为一种能够步入殿堂表演的传统民乐艺术。每当板响琴鸣，总会让人们不由自主地联想起风雅倜傥的大宋，和那个闪烁着光焰灯辉的繁华古城——开封。

2023年国庆假期，由河南省非物质文化遗产保护和智慧化中心出品的首支非遗国潮乐《坠美的月亮》引起了高度的关注。主唱由曾获马街书会"书状元"的牛清栏担任，河南坠子省级非遗代表性传承人杨庆林、词曲唱作人丘硕和编曲徐绍睿等联袂创作演绎，让河南坠子在与摇滚乐的共振中，实现了这门传统艺术与时代潮流的又一次亲密接触。

艺术的汇流和奔涌，恰如黄河之水一样，一直在滚滚向前。古老的河南坠子，正以更加开放的态度，融合出属于它的一方更广阔的天地。

黄河河南郑州段美景 视觉中国供图

山东东营黄河三角洲国家级自然保护区内
壮观的河流脉络　Peter 摄

山东鼓吹乐：
悲欣交集一曲间

在冀鲁豫的平原大地上，鼓吹乐一响，沉寂的村庄便活泛过来了。喜乐哀愁、人生沉浮，随着一声声乐响，浓郁地散入各家院落里。来自世间的各色纷纭，生活汇聚起的万千气象，都在这鼓吹乐声中和光同尘。

山东的鼓吹乐，深深根植在民间，遍布整个齐鲁大地。根据流行地域和演奏风格特点的不同，大体可分为鲁西南鼓吹乐、鲁东鼓吹乐（胶东鼓吹乐）、鲁中南鼓吹乐（平派）、鲁西北鼓吹乐四个流派。其中，流传于菏泽、济宁、嘉祥等地的鲁西南鼓吹乐，称得上是山东鼓吹乐最具代表性的流派，在我国民族音乐中享有很高的赞誉。这片地域，诞生了袁子文、任同祥、冯东合、冯明宪、和贯贤、郜宝福、李广福等著名鼓吹乐艺人，也流传着《百鸟朝凤》《抬花轿》《打枣》《锁南枝》《一枝花》等名曲力作。

鼓吹乐是民俗的一部分，广泛出现于婚丧嫁娶、迎神祭祖等众多民俗活动中。过去，每逢有鼓吹乐演出，有的村民甚至不惜走上几公里的路程去别的村子观看，为的就是一饱耳福。而对主家而言，需要用一生一世演绎的相聚或者别离，都在这吹吹打打的热闹中得到诠释。

考据源流："鼓吹乐"的由来

鼓吹乐历史悠久。在我国，关于鼓吹乐的历史起源，至今没有明确的文字记载。目前学术界比较主流的说法是，鼓吹乐起源于汉朝时的西北胡乐。这种说法在业内较为普遍，支持这种观点的人非常多。

根据《乐府诗集》（卷十六）记载："鼓吹未知其始也。汉班壹雄朔野而有之矣。"《汉书》中也有关于汉代鼓吹乐的记载，按照应用场合和乐器编配可分为四种形式，即：骑吹、黄门鼓吹、短箫铙歌、箫鼓。"骑吹"主要指外出时在马背上的鼓吹，"黄门鼓吹"主要是为皇家贵族服务的，"短箫铙歌"主要用于战士们凯旋。经过历代传承和发展演变，才形成了如今遍布全国各地多种多样的、富有地方特色的民间吹打乐种。

由此可见，鼓吹乐在汉代就已经存在了，也经历了漫长的酝酿和演变过程。它是一种社会文化现象，不是在某个时间里，由某个人或某一些人在某个地方创造出来的。借助于一些出土的画像石、壁画，我们可以探寻到山东鼓吹乐发展的线索。

山东鼓吹乐历史久远、风格独特，在民间深受广大劳动人民喜爱。它与当地的民间风俗息息相关，这为鼓吹乐的久盛不衰奠定了群众基础。大量汉代石刻壁画以及出土的画像石资料为山东鼓吹乐的兴起和发展提供佐证。例如济南长清孝堂山石柯祠（建于东汉永建四年）内石壁上刻有四人骑吹和六人乐车，就是典型的"黄门鼓吹"。这是山东发现最早的鼓吹乐

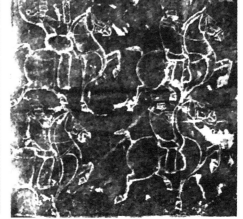

济南长清孝堂山石柯祠内石刻壁画

沂南北寨汉墓中室画像《乐舞
百戏图》拓片（局部）

济宁嘉祥县出土的武氏祠汉画像石《踏鼓乐舞图》拓片（局部）

形象；沂南北寨汉墓中的《乐舞百戏图》是迄今为止发现的场面最为宏大的汉代乐舞百戏汉画像石之一，图中生动描画了击建鼓、撞编钟、敲石磬者，以及吹排箫、奏小鼓的女乐队和吹排箫、击铙、吹埙、抚琴、吹笙的男乐队，八音齐全，可见当时民间乐舞的的技艺水平和流行盛况；济宁嘉祥县出土的武氏祠汉画像石《踏鼓乐舞图》完整描绘了汉代民间歌舞的娱乐场景：地上排列着五面鼓，一舞鼓者身着宽衣长袖舞衣俯身于鼓上，双膝、双足和一手均触及鼓面，另一手臂反扬舞袖扭头仰视。左右两人跪地，面向舞鼓者，两人左手均持鼓槌，扬臂飞舞，配合击鼓表演。另一侧有乐人在奏瑟、吹排箫，有歌者在拂袖吟唱，生动展现了当时音乐舞蹈技艺融合发展的特点。这些历史实物为研究山东鼓吹乐的历史发展，提供了非常丰富的资料。

在诗人的辞章中，鼓吹乐的韵律也在不断奏鸣。"鼓吹助清赏，鸿雁起汀洲"，拨动着苏辙的思绪与离愁。曾经流行于宫廷和战场的"鼓角横吹"，在时间的淘漉下，逐渐渗入到普通百姓家的悲欢离合之中。

经典之作：《百鸟朝凤》闻名于世

我国第四代导演代表人物之一吴天明，曾经执导过一部反映民间音乐生态的电影《百鸟朝凤》。这部电影以一位"唢呐匠"的成长为题材，讲述了民间唢呐艺术的发展与传承，塑造了焦三爷、游天鸣等唢呐演奏者的形象。焦三爷作为唢呐班子的班主，以个人的威严维护着这门艺术的尊严。压箱底的《百鸟朝凤》，是他作艺授徒的门槛底线。"雇主德行不佳，则不演奏此曲；徒弟品质不够，也休想获得真传。"

现实中，焦三爷视唢呐为生命，成了唢呐的"人格化身"。他为了给徒弟游天鸣置办一套新唢呐，甚至卖掉了自己赖以为生的耕牛。在透支了所有的财富和健康之后，焦三爷化为了黄土塬上的一座孤坟。而能让他含笑九泉的，是《百鸟朝凤》找到了传人。

让《百鸟朝凤》这首曲子举国闻名的，是嘉祥著名民乐艺术家任同祥先生。他也是鲁西南鼓吹乐的代表人物。1953年，自小跟着伯父在外流浪表演的唢呐匠任同祥，通过层层选拔登上了全国第一届民间音乐舞蹈会演的舞台。凭借一首精彩的《百鸟朝凤》，他成了专业的独奏演员，并频频在国际舞台上表演、获奖。任同祥版本的《百鸟朝凤》，减掉了一些民间

《百鸟朝凤》电影海报　　　　　　　　刘雯雯表演唢呐独奏　杨韬摄

艺人的随兴杂乱，保留了较为精华的艺术表现形式，逐步成为公认的经典，在当时，与小提琴协奏曲《梁祝》、二胡独奏曲《二泉映月》并称中国音乐的"三驾马车"。

　　正是在任同祥等一代代民乐大师的推动之下，原本在民间艰难生存的《百鸟朝凤》和唢呐艺术，重新登上了"大雅之堂"。任同祥的弟子，任职于上海音乐学院的刘英，被誉为"中国第一唢呐"。而刘英又培养出了中国首位唢呐博士，来自济宁唢呐世家的青年演奏家刘雯雯。这个"90后"姑娘，凭借一曲婉转多变的《百鸟朝凤》，频频登上世界音乐舞台。

家传口授："鼓吹乐"的传承

　　刘雯雯的父亲刘宝斌，是济宁当地"小铜唢呐"第七代传人，自幼师承其父刘金河。刘雯雯的母亲刘红梅来自苏北，是为数不多的女性唢呐传人。夫妻两人都曾跟随任同祥学艺，任老师热心做媒，促成这段姻缘。

　　如今，虽然刘雯雯有了很高的成就，但自小走街串巷跟着父母到处演出，依然是刻在她童年记忆中的风霜记忆。这条艺术修行之路，注定不平坦。她曾经每天凌晨4点半就被母亲叫起床，到公园里练习。由于唢呐声音太过高亢，只能挑偏僻的地方训练。实际上，这种家传面授的方式，依然是如今鼓吹乐传承最主要的方式。

临清市金郝庄镇张伴屯村李氏鼓乐班，即是如此。

作为"京剧之乡"的山东临清，曲艺底蕴深厚，拥有着快书、琴书、木板大鼓、乱弹等众多民间艺术，吹鼓乐也相当繁盛。以李恩声为班主的李氏鼓乐班社，是临清鼓吹乐中非常具有代表性的乐班之一，在整个临清地区都有着非常高的声誉。

李氏鼓乐班经历了几代人数十年的传承。靠着高超的演奏水平和诚实守信的艺德，规模从当初的几个人发展到现在的三十多人。李恩声介绍，这三十多人绝大多数是李氏家族的人，此外还吸纳了一些外地来搭班卖艺的唢呐艺人。鼓乐班常年在外演出，班主会按照雇主的要求和报酬的多少，派出人数不等的演员阵容。现在一般都是8至12人的阵容，称为"一棚"。

从李氏鼓乐班现有的人员构成来看，鼓吹乐存在以下几种主流的传承关系：

家传和师传是最主要的传承方式，培育出来的多为鼓吹乐队的骨干。鼓吹世家的后代拥有学习鼓吹乐的天然环境优势，他们在牙牙学语时就开始接触鼓吹乐，从小就跟随乐队四处演出，长期受长辈们的教导和熏陶，这些"泡在唢呐声里"长大的孩子成为本家族鼓吹乐流派的直接继承者，并专精于此。

对于非世家出身的成员，他们从事鼓吹乐行业的主要途径是师徒相传，初学者向行业内资历深厚的老艺人拜师学艺，形成稳定的师徒关系。学徒学艺前，要举行隆重的拜师仪式。据李恩声回忆当年他父亲收徒时的情形：拜师仪式开始前，先祭拜祖师爷，然后师父和师娘坐在家中正堂两侧的椅子上，由徒弟行跪拜礼并敬茶或敬酒。按照传统，"三节两寿"时徒弟要去师父家探望。

除了师徒关系，非世家出身的成员还会通过"拜把子"和"结干亲"的方式与鼓吹乐队的艺人结成干亲关系，试图作为名义上的亲人来拉近彼此距离。一般情况下，技艺稍差的艺人会主动提出与技艺较高的艺人结拜为把兄弟，还有的艺人让自己的子女认技艺更高超的艺人做干亲，或直接过继给无子女的艺人，达到向其学本领的目的。这些做法都是为了更好地传承和学习鼓吹乐的技艺。

旧社会，鼓吹乐艺人社会地位低下，且"传内不传外，传男不传女"等封建守旧思想在人们心中根深蒂固，大多数父母都不会让自己的女儿从事这一行业。如今，鼓吹乐不仅得到了社会的认可，大量的女性鼓吹乐手也参与到表演当中来，大大丰富了鼓吹乐的艺术表现特色，成为当今班社的亮点之一。

响彻云霄：班社的乐器

山东鼓吹乐给人以高亢、嘹亮、激昂的印象，这得益于其大量采用金属材质的乐器，演奏者熟练掌握了吹奏的方法，不必费过多力气就可以吹响乐器，铿锵生势，铮铮有声。不同的乐器在演奏中的功能有所不同，可简单分为"独奏乐器""伴奏乐器"和"特色乐器"。

独奏乐器是临清鼓吹乐的主奏乐器，以唢呐、管子、双管、咔戏著称。

唢呐也叫"喇叭儿"，一般由哨子、气盘、芯子、木杆和唢呐碗五个部件组成，按音域可分为高音唢呐、中音唢呐、低音唢呐和倍低音唢呐。铜杆唢呐音色饱满亮丽，富有穿透力，木杆唢呐音色脆亮通透，赏心悦耳。据考证，唢呐自金、元时期由波斯、阿拉伯一带传入我国，明朝洪武年间被山西移民带入邹城，后逐渐被当地人所接受，就此扎下根来。

管子由管子哨和管子身两部分组成，双管由两只管子同时演奏而得名，两只管子的大小、长短、音高都是相同的。以管子为主奏乐器的乐曲俗称"细乐"，演奏特点古朴典雅、浑厚苍劲，代表曲目有《祭枪》《八条龙》《房四娘》等。

唢呐

伴奏乐器是鼓吹乐演奏中的配角，但要想保证曲调的完整性、丰富性，伴奏乐器的作用非同小可。临清鼓吹乐的伴奏乐器分为笙、鼓、锣、梆子、镲等。

笙是一种古老的簧管吹奏乐器，分为圆笙和方笙，《诗经·小雅·鹿鸣》中有"我有嘉宾，鼓瑟吹笙，吹笙鼓簧，承筐是将"的诗句，现今发现的最早的笙出土于湖北随县曾侯乙墓，距今已有二千四百多年历史。笙的音色明亮甜美，有高、中、低三种音区，高音清脆透明，中音柔和丰满，低音浑厚低沉。

其他四种乐器都属于山东鼓吹乐中的打击乐器。临清鼓吹乐所用的鼓多为墩子鼓，也称手鼓，它便于携带，结实耐用，成为乐队中常用的乐器。

锣的结构非常简单，锣身呈一个圆形的弧面，演奏者用木槌敲击锣身正面的中央部分，产生振动而发音。不同的敲击频率使锣产生特定的节奏，在器乐合奏和戏曲伴奏中常常能见到它的身影。

梆子作为戏曲梆子腔的主要伴奏乐器，最早出现在山西、陕西交界地区。山东鼓吹乐队中也加入了梆子。梆子由两根实心硬木棒组成，多为枣木，两块木头一长一短，梆子发音脆而坚实，穿透力强，借以增加戏剧气氛。

镲由两张响铜圆盘构成一对，中间略有突起并有孔。演奏时，两手用力相互撞击而发出音响，主要用于给唢呐打节奏，也可用于器乐合奏和戏曲伴奏。临清鼓吹乐中多用小镲。

特色乐器则是充满艺人个性的"秘密武器"。其中有一种"鼻撮子"，也叫"鼻芯子"，是一种放在鼻子里吹奏的乐器，分为单鼻撮子和双鼻撮子。在唢呐芯子上安上唢呐哨片，然后从外面用塑料管套上，上面漏出吹奏的吹孔，用撮鼻涕的感觉去吹奏，没有固定的音高，主要是为了增加演出效果、博得观众喜爱而使用。

口琴子，亦称"口哨"。可模仿人声、虫鸣、鸭叫等，是取两片响铜或不锈钢的金属片（金属片须有一定厚度），在金属片中间缠上一条特殊材质的丝带，外面再用缝衣服用的细线缠几圈制成，吹奏前必须用水浸湿才能发出声音。在民间传统乐曲《河北梆子》《打枣》中，口琴子是必不可少的乐器。

在临清鼓吹乐中，唢呐、笙、管子、墩子鼓、小镲是不可或缺的，其他乐器可有可无。近年来，为了丰富鼓乐班的伴奏乐器，乐班也把架子鼓、电子琴、萨克斯和小号等西洋乐器融入进来，为临清鼓吹乐注入新鲜的血液，演出效果非常好，深受观众喜爱。

山东鼓吹乐所用到的部分乐器　视觉中国供图

迎亲队伍中的山东鼓吹乐队　视觉中国供图

艺术节上的山东鼓吹乐表演
岳涛摄

与时俱进：鼓吹乐队的表演

鼓乐班的表演形式可分为"坐棚演奏"与"行进演奏"两种。

"坐棚演奏"主要用于红白喜事或开业庆典等场合，主要以烘托气氛为主。红白喜事大都在雇主家门口或街道边上等显眼的位置，雇主会提前摆放两张桌子，并在桌子上方搭上帆布棚子，艺人们到齐之后，观众和艺人共同围着桌子，边吃饭边听演奏。这种演奏方式在当地被称为"坐棚"。在坐棚演奏中，演奏者往往一时兴起，会直接站到桌子上，或赤膊上阵，打破原有的固定姿势，夹带着即兴发挥的插科打诨，将演奏推向高潮，博得雇主和观众们的阵阵喝彩声。

"行进演奏"是演奏者在步行的同时演奏，边走边吹奏。一般主要用于婚礼的迎亲和葬礼的送葬等场合。演奏形式根据雇主的要求和艺人们所使用的乐器数量而定，一般没有固定的标准。

鼓吹乐演奏曲目的来源，主要是各地方戏的唱腔曲以及民间小曲小调，唱腔主要有河北梆子、河南豫剧、山东吕剧、京剧、河南坠子、西河大鼓等。具体的曲目会因地域、环境和方言的不同而稍有变化。随着多媒体技术的普及，一些流行音乐元素也被吸收进了鼓吹乐曲目当中，使鼓吹乐受到了越来越多现代年轻人的喜爱。经常演奏的曲目可以分为下面几类：

◎ 传统演奏曲目

独奏乐器	伴奏乐器	曲目名称
唢呐	笙、板胡（二胡）、墩子鼓、小镲、梆子、电子琴等	《小开门》《海青歌》《抬花轿》《拜花堂》《一枝花》《婚礼曲》《百鸟朝凤》等
管子	笙、二胡、墩子鼓、小镲、梆子、电子琴等	《放驴》《小二番》《祭奠》《四上香》《祭膳》等
咔腔	板胡、笙、板鼓、梆子、二胡、电子琴等	《京剧》《河北梆子选段》《西河大鼓》《河南坠子》《吕剧》《评剧》等
绝活	笙、板胡（二胡）、墩子鼓、小镲、梆子、电子琴等	"火炼金丹""二龙吐须""气袋子""叼自行车"等

◎ 现代演奏曲目

独奏乐器	伴奏乐器	曲目名称
唢呐	笙、板胡（二胡）、墩子鼓、小镲、梆子、电子琴等	《在那桃花盛开的地方》《人间第一情》《步步高》《喜洋洋》《潇洒走一回》等
管子	笙、二胡、墩子鼓、小镲、梆子、电子琴等	《二泉吟》《历史的天空》《爱的奉献》等
咔腔	板胡、笙、板鼓、梆子、二胡、电子琴等	《驼铃》《篱笆墙的影子》《爱的奉献》等
萨克斯	笙、板胡（二胡）、墩子鼓、小镲、梆子、电子琴等	《回家》《茉莉花》《北国之春》等

◎ 传统演唱曲目

剧种	伴奏乐器	演唱曲目
河北梆子		《大登殿》《秦香莲》《辕门斩子》《蝴蝶杯》等
豫剧		《拷红》《穆桂英挂帅》《秦雪梅吊孝》《花木兰》等
吕剧	板胡、京胡、笙、板鼓、手锣、梆子、二胡、大锣、铙钹、电子琴等	《小姑贤》《借年》等
京剧		《铡美案》《四郎探母》等
评剧		《刘巧儿》《花为媒》等

◎ 现代演唱曲目

剧种	伴奏乐器	演唱曲目
河北梆子		《江姐》《洪湖赤卫队》等
豫剧	板胡、京胡、笙、板鼓、手锣、梆子、	《朝阳沟》《村官李天成》等
京剧	二胡、大锣、铙钹、电子琴等	《红灯记》《沙家浜》等
流行歌曲		《走天涯》《两只蝴蝶》《青藏高原》等

　　从上述列表中可以看出，无论从曲目上还是演奏形式上，临清鼓吹乐是吸取了鲁西南鼓吹乐、河北吹歌、河南鼓吹乐等众家所长，在时代发展的过程中，形成了自己独特的风格：在白事上演奏曲调较为庄重悲伤的传统戏曲，来衬托严肃的气氛；在婚礼上演奏欢快幽默、富于动感的戏曲选段或流行音乐。

鲁西南鼓吹乐表演《山东梆子腔》　王亚太摄

余音未歇："鼓吹乐"的未来

鼓乐班的经营分淡季与旺季。社员们旺季以鼓吹乐为主，淡季则以农活为主。除了口口相传，现在李氏鼓乐班也通过视频直播的方式，进行推广宣传，以希望获得更多的演出收益。

鼓乐班的经济收入，主要是在民俗活动中和婚丧嫁娶的演出中而获得的报酬。每次报酬的多少由雇主和鼓乐班的班主相互协商而定。目前，李氏鼓乐班一天的演出费都在1000元左右，扣除一些必要的开销，每人每天能分到至少200元，这样利用农闲或者闲暇时间外出演出的艺人们每个月可以获得2000多元的额外收入，这是促进鼓乐班发展的主要驱动力。

像刘雯雯一样登上国际音乐舞台的优秀乐手毕竟还是少数。如李家班这般活跃在民间的鼓乐班社仍是推动鼓吹乐继续发展的基础。但这样组织松散的民间班社也面临着一系列现实问题。随着新农村的建设，移风易俗的倡导，尤其是农村殡葬习俗的简化，鼓吹乐的主要活动阵地在逐渐缩小；更多年轻人选择外出务工或者读书，离开了故土。鼓吹乐这一种古老的艺术形式，面临着后继无人的困境。

电影《百鸟朝凤》中，焦三爷曾为了跟西洋乐队争口气，直到把唢呐吹出血来。但在现实中，很多鼓吹乐班已经普遍使用萨克斯、调音台、架子鼓、音箱、电子琴等西方现代电声乐器。在临清，要找一个原汁原味的，以管子、笙、唢呐、小镲和墩子鼓等传统乐器组成的鼓吹乐班已经很难了。演奏曲目上，传统的曲牌和戏曲唱段也逐渐被流行歌曲所替代。不知未来的鼓吹乐班还能传承下多少经典，到那时，是否还能听到这门原汁原味的民间传统艺术？

我们希望，那声声唢呐、阵阵鼓声，依然能在这片土地上，响彻下去。

黄河入海口冬季美景　视觉中国供图

古筝弹奏　视觉中国供图

山东古筝乐:
汉宫秋月照到今

    文化记忆,犹如时光长河中翻卷着的浪花,每一朵都记录了一段精彩华章,涌动至今。正因有了这些丰沛的积淀与传承,我们的历史文化才变得厚重多彩起来。

    "今人不见古时月,今月曾经照古人",当我们聆听从时空罅隙中传来的音韵,便能从那流淌的音符中,体会到古人的心境。山东古筝名曲《汉宫秋月》,讲述了一个充满了离愁的哀婉故事。当这首曲子响起时,头顶的那轮明月,仿佛也回到了汉时的模样,让当今的我们深深共情。

    在我国多个门类的古典音乐中,古筝都是重要的伴奏乐器,在民间有着"无筝不成乐"之说。通过南北各派长期的互鉴交流,山东筝乐的曲目和演奏技法越来越丰富,形成了独有的艺术特色与音乐风格,并发展为独立的音乐品种。

    山东古筝乐,属于中国古筝"九派"之一,其历史悠久,传承广泛。齐鲁大地自古就是礼乐兴盛之地,各类民间传统音乐如百花竞放,争奇斗艳。而山东古筝乐作为其中的一枝优雅娴静之花,凭借润物细无声的艺术魅力而享誉全国。

流响千年的山东筝乐

筝鸣山东，时之久矣。汉魏时期，"才高八斗"的曹植曾在山东菏泽为王，其传世诗句中有"抚节弹鸣筝"一句，是这位通晓音律的大才子为山东筝乐留下的一笔佳作。实际上，历朝历代都有不少文艺作品可折射出山东地区筝乐的活动影迹。经过长期交融酝酿，山东古筝乐发展至明清时期已逐渐成熟，成为当地民间文艺活动中的重要组成部分。在山东古筝乐主要流传地的菏泽地区，至今仍保存着一些古代筝器遗存和许多筝类文献资料，这是山东古筝艺术历史悠久、绵延不绝的最佳例证。

山东菏泽，凭借独特的地理条件和人文环境，催生出一座异彩纷呈的"民间音乐文化宝库"。这里有说唱音乐——山东琴书、花鼓、坠子等，戏曲音乐——山东梆子、枣梆、柳子戏等，器乐音乐——鲁西南鼓吹乐、山东弦索乐等。山东古筝乐，就孕育在这片先天优渥的文化土壤中，并得以枝繁叶茂、香飘万里。

山东德州，李林昱在自己的古筝工作室中弹奏古筝　鱼眼摄

17年9月9日，山东东营，一场别开生面的大型古筝演奏会在
风湖畔的雪莲大剧院举行　周广学摄

郓城县陈坡乡黎仝庄村保存的明万历年间的古筝　　郓鄄产二十六弦筝和二十一弦筝

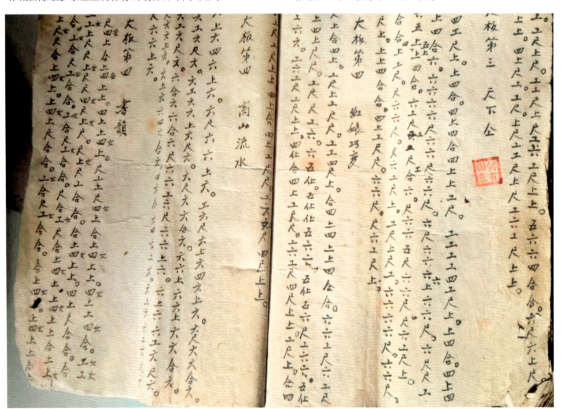

郓鄄地区保存的山东古筝工尺谱资料

菏泽地区的郓城和鄄城，是山东古筝乐的主要流传地，素有"郓鄄筝琴之乡"的美誉。聊城临清的金郝庄和济宁的鱼台地区，同样也有着丰富多彩的筝乐艺术活动。"临清筝"和"鱼台筝"虽不如"郓鄄筝"那么繁茂和知名，但也别具一格，不容小觑。这三大筝派如三江汇流，共同组成了山东古筝乐不可分割的艺术整体。

山东古筝乐在长期流传过程中积累了大量曲目，民间有"古曲十大套、小板曲七十二首、小曲五百首"的说法。这些曲目因来源、结构、风格和表演形式等方面的不同，又可分为"大板筝曲"和"小板筝曲"。大板筝曲均是比较雅致的古典乐曲，主要有【大板第一】【大板第二】【大板第三】【大板第四】共四个板式，《汉宫秋月》《鸿雁夜啼》《莺啭黄鹂》《清风弄竹》等名曲都属于大板筝曲。其组合演奏形式为民间所谓的【碰八板】。这种"八板体"的曲目结构严谨、节奏鲜明、音韵典雅。而小板筝曲则主要脱胎于"山东琴书"和其他民间音乐，不受板数的限制，结构多变、节奏丰富、流畅朴实。

在演奏手法上，山东筝乐注重双手的配合。右弹左按，弹按结合，通过虚、实、点、空、吟、揉、滑、按等技法，达到"以韵补声，声韵相称"的效果。山东古筝乐的整体风格，恰如山东的地域文化特征，稳健中有跌宕、铿锵中饱含热情、淳朴而又不乏亮丽。

古雅宏正、源远流长的山东筝派，给后人留下了丰富的文化遗产和音乐财富。今天的郓城县陈坡乡黎全庄村，至今仍保留有一面明代万历年间的古筝。此筝传自郓城县水堡乡北王楼，全长139厘米，筝头25厘米，筝尾20厘米，是一件斜排十六弦筝。其面板为独板桐木，框为桑木，周身浅雕花，琴码已经遗失。此筝曾跟随赵玉斋先生带出过一段时间，现存于黎连英先生后人手中。据持有人讲述，20世纪80年代时此筝还可弹奏，后因房屋倒塌将面板击穿而失声。现存的清代、民国所制的筝，皆是仿此筝而作。

另外，鄄城县红船镇张固堆村张应易先生曾经存有民国十六弦筝一面，后传给张守义先生。红船镇霍庄村张孝伦先生存有清代十六弦筝一面，后来收入天津一家博物馆。郓城县武安镇张坑村张为昭先生，存有清咸丰年间十六弦筝一面，后传于季玉玺先生，现由其孙女季晓然保存。王殿玉先生存有民国十六弦丝弦筝一面，后传至赵玉斋先生，现由赵旭东先生收藏。郓鄄地区制筝历史久远，知名的制筝师有清代的刘玉文、刁秀欣、刁望河、高华峰等。20世纪60年代到90年代，郓鄄筝畅销国内外，山东筝派诸多名家都曾用过郓城所出产的筝。

"郓鄄筝派"人杰辈出

在山东古筝乐各流派中，"郓鄄筝派"向来占据着主流地位。其最早流传于郓城县水堡乡北王楼村，后传到郓城县最西面的陈坡乡黎全庄村。黎全庄是现知较早的、有详实记录的郓鄄筝传播地。在这里，曾出过黎邦荣、黎连俊、黎华唐、黎并香等著名古筝艺人。

郓鄄筝以黎全庄为中心点向四周村子辐射，包括陈坡乡的黎桥村、赵坊村、大王庙村、杨寺村，以及鄄城县红船镇的霍庄村、张固堆村、张口村、梁楼村、孙堂村等地，分布极为密集和广泛。总体来看，这些村子的位置大多集中在郓城县西边的水堡乡和陈坡乡，以及鄄城县最东边的红船镇。

郓鄄地区琴筝的艺人分布情况，也以郓城县的陈坡乡和鄄城县的红船镇为主。其中，赵玉斋先生是大王庙村人，其师父及岳父家在黎全庄，黎连英先生是其内弟。张应易先生是鄄城县红船镇张固堆村人，其弟子有同村的张守义先生和邻近的杨寺村赵登山先生等。此外，霍庄村有张孝伦先生，孙堂村有孙悦其先生等。还有来自徐桥村的王殿玉先生，张菜园村的张念圣先生，武安镇张坑村的张为昭先生，季庄村的季玉玺先生，侣垓村的韩庭贵先生，高庄村的高自成先生，也都是郓城县人。

从早年的黎邦荣、黎连俊、张为昭、张念胜、张应易、樊西雨等诸多前辈，再到当代的赵玉斋、高自成、韩庭贵、赵登山等筝艺大师，"郓鄄筝派"的历代传承人，无一不是在身体力行、殚精竭虑地继承和传播着山东古筝乐。

新中国成立以后，多位鲁籍筝家走出山东，陆续进入全国各地的音乐院校从事教学工作，其中，赵玉斋和高自成两位先生的贡献尤为突出。赵玉斋先生是山东筝派乃至于中国古筝艺术领域承上启下的重要代表人物，被誉为"中国筝王"。他虽然生于动荡年代，身经磨难，但痴心不改，终成就"筝坛一代宗师"之盛名。他还是现代古筝改良的倡议者和推行者，首创了双手交替弹奏的风格和弦法。赵玉斋先生演奏风格粗犷雄浑，极具艺术张力。他将山东古筝乐带到沈阳音乐学院，培养出阎丽、杨娜妮、王晓红、张松、高亮等优秀古筝家。几代人的精耕细作，使山东古筝艺术愈加根深叶茂，影响致远。

高自成先生潜心研究古谱，为今人演绎出富有历史风华的乐章。他将山东古筝乐传播到西安音乐学院，为西北地区的筝乐发展奠定了坚实基础，培养出曲云、樊艺凤等知名古筝

2005年11月，"郯鄄筝派"传人赵登山在台湾艺术大学给学生授课　严欣供图

赵登山于2008年在中国古筝第六次交流会上演奏　严欣供图

家。其子高武钢先生作为山东筝的嫡系传人，更是深得其父真传，于西安音乐学院授课十余载，所教学生遍布各大音乐院校。曾于香港演艺学院、上海音乐学院附中等地举办多场山东筝曲专题讲座和学术研讨活动，并随陕西省歌剧舞剧院多次出国演出。

"筝琴之乡"的丰厚史料积淀，也为这里古筝事业的发展提供了强大助力。旧时，筝乐曲谱资料都是在艺人手中流传。比如黎邦荣、黎连俊的曲谱传于赵玉斋先生，张念圣、张应易传工尺谱一部予张守义先生。这些宝贵的曲谱资料，后来成为赵玉斋、张为昭、高自成等郓鄄筝艺大家进入高等学府广授艺业的第一手资料。正是由这一代大家开始，山东古筝乐从单一的"民间传承"模式，扩展到"院校传承"的新模式，成为中国古筝发展史中浓墨重彩的一笔，极大地促进了中国筝乐表演艺术的发展，也奠定了山东古筝乐在中国筝乐之林中的重要地位。

在山东古筝乐的本土化传播发展方面，韩庭贵先生厥功甚伟。他长年执教于高等艺术院

"金派古筝"代表人物金灼南和他培养的学生

校，基于传统，勇于创新，培养出了大批优秀后辈传人。在民间，季玉玺、张守义、黎并香等先生，数十年如一日地坚守和传承同样功不可没。音乐研究者牛玉新、苏本栋等诸位先生的成果更是为山东古筝乐的理论建设、推广宣传作出了非常重要的贡献。

2008年，山东古筝乐入选第二批国家级非物质文化遗产保护名录。同年，菏泽市群众艺术馆（现菏泽市文化馆、曹州文化生态保护中心）获得国家级非遗项目山东古筝乐保护单位称号。2009年5月，赵登山先生被列为第二批国家级非物质文化遗产项目山东古筝乐代表性传承人。

"金派古筝"与《渔舟唱晚》

与"郓鄄筝派"相比，发端自聊城临清金郝庄的"金派古筝"，在人数规模上要小一些，但其代表作《渔舟唱晚》却分外有名。作为央视天气预报节目的主题曲，这首悠扬动听的曲子，用家喻户晓来形容并不为过。

《渔舟唱晚》是金派古筝代表人物金灼南的作品。金灼南出生于1882年，又名金葵生，号秋圃居士，是临清金郝庄人。他生于一个音乐世家，父辈就擅长弹奏筝乐。金灼南受长辈影响，自幼习字弹筝，书法筝技日渐精熟。他18岁考取秀才，科举废除后便在乡里做了私塾先生，青年时期游历江南，访学于各地名家，技艺不断精进。回乡后，金灼南博览群书，深研朱载堉的《吕律精义》，精读多部减字谱和工尺谱，并编写了大量筝曲，其中以《渔舟唱晚》最为著名。当时金郝庄的筝乐艺术较为兴盛，村里约有10余名筝乐演奏家，以金灼南最为著名。此外还有金以池、金以奎、金以埙、郝雁秋等筝乐艺人。

金灼南先生融合了《双八板》《三环套日》《流水激石》三段筝曲，以自己丰富的乐理知识和高超的演奏能力，对三段乐曲进行巧妙地改编，使之浑然一体，形成了令人耳目一新的经典名曲《渔舟唱晚》。

新中国成立以后，金灼南先生更是热心于对筝琴艺术的传承和创新。1957年，他受聘为山东省文史研究馆馆员，与李华萱、刘玉轩、詹澂秋、张育谨等人共同筹建了"琴学研究会"，挖掘整理民族传统音乐。他曾赴南京艺术学院任教，后又返回山东，在山东省艺术专科学校（今山东艺术学院）讲授古筝及书法。任教期间，他整理了大量古筝曲目，并撰写了

山东东营，学生们在演奏金派古筝经典曲目《渔舟唱晚》　刘智峰摄

《论筝学知识》《古筝教材》《筝学探源》等专著，收录整理《开手齐板》《流水激石》《禹王治水》《平沙落雁》《三箭定江山》《幽思吟》等古曲，并改编创作了《乘风破浪》《关山月》《凿山引水灌桃园》等新作品。

曾任浙江师范大学音乐系主任的姜宝海教授，在青年时期曾跟随金灼南先生学习筝艺多年。在他的描述中，金灼南老师堪称当代文人筝家的典型代表，虽然见识渊博、学养丰厚，却始终保持着谦逊低调的品格。金灼南先生与赵玉斋先生多有交往，但对比他年轻很多的赵玉斋，并不以前辈自居。而是谦称"你的创作、革新（指《庆丰年》）重如泰山，我的小小创作（指《渔舟唱晚》）微不足道。"而赵玉斋先生对金灼南先生，亦充满了敬意。1976年3月，金灼南先生因病离世，赵玉斋先生在缅怀他时写道："巍才必正道、德威天地尊。金老师的为人师表，永世长存，传流着中华的文明。"

"鲁韵铮铮响，盛世奏强音"。一代代的筝艺名家，以及那些默默传承山东古筝乐事业的老师和学子们，他们用自己的一腔热血，深爱着、滋养着古老的山东古筝乐。在丝丝缕缕的音韵中，大家同心同德、继往开来、悉心毕力地为之添砖加瓦、汇注力量。山东古筝乐的远景，必将更加美好。

白天鹅栖息于黄河入海口湿地　视觉中国供图

山东东营黄河口湿地景观　视觉中国供图

山东琴书：

清曲聚情思　巧语劝人方

黄河自西向东横跨我国三大地理阶梯，地形地貌的变化，造就了沿河各段不同的自然风貌，也催生出种类繁多、各具特色的文化艺术形式。自桃花峪向东，黄河进入华北平原，河道宽浅，水流散乱，泥沙淤积，形成独特的地上悬河景观。山东琴书就诞生于这样的地理条件下。

1855年，黄河入海口移至今山东东营地区，当时乐安县（今广饶县）北部和利津县东部并未修建黄河大堤，每遇洪水季节，黄河便泛滥成灾。这一带的百姓不得不背井离乡，随身携带坠琴、节子板等乐器，演唱民间流行的小曲儿卖艺求生。他们开始以唱琴书小段为主，也顺口自编些有趣的故事，后来为丰富表演形式，吸收借鉴了许多戏曲唱腔和民间小调元素。这被认为是山东琴书的起源之一。

河韵流淌　琴书悠扬

山东琴书，又称"唱扬琴"或"山东扬琴"，是山东重要的曲艺品种，其文化底蕴丰厚，对吕剧的发生和发展影响重大，可以说是吕剧的直接母体。山东琴书曲调优美悦耳、音韵婉转，用词造句多为俚言俗语，自然流畅、朴实风趣，乡土色彩浓重，书目多取材于民间传说和人们所熟悉的历史故事，贴近生活，妇孺皆知，易记易唱也便于流传，因此，广泛流行于山东各地。由于各地的语言、风俗人情、经济发展状况的不同，特别是琴书艺人在演唱技巧、艺术风格及个人嗓音条件等方面所存在的差异，使琴书在山东逐渐形成了南路、东路和北路三大艺术流派。山东琴书的表演形式为多人分持不同乐器自行伴奏，分行当围坐表演，以唱为主，间有独白或对白。2006年5月20日，山东琴书经国务院批准列入第一批国家级非物质文化遗产名录。

关于山东琴书兴起的大致区位，目前学界普遍认为是鲁西南的古曹州地区（今山东省菏泽市）。在《曹县方志》中有记载，曹县为山东琴书主要发源地。菏泽地处中原腹地，文化底蕴丰厚，曲艺活动历史悠久，早在宋元时期，便有"诸官调"流传，至明朝中期，又演变为"琴筝清曲"。清代以后，各种民间说唱兴起并盛行，有十几种之多，素有"书山曲海"之称。

菏泽地区的民间曲艺之所以如此兴盛，与其地理区位有着很大的关系。菏泽是黄河入鲁第一站，河水自西裹挟来的泥沙沉淀形成了肥沃的土壤，为这里农业的发展提供了得天独厚

山东琴书演员在村头演出旧照（从左至右：王振刚、毕美、胡化山）

山东琴书国家级代表性传承人刘士福等人表演山东琴书《农村新风尚》　王亚太摄

的条件。依河而生的农民有了相对充足的物质基础，也就激发了他们精神上的追求，于是当地的民间曲艺市场日益兴盛，吸引了各路艺人扎根在此。南北文化在这里交融碰撞，也为山东琴书提供了丰富的内容题材，产生了很多代表性曲目，长篇有《白蛇传》《秋江》及移植来的《杨家将》《包公案》《大红袍》等，中篇有《王定保借当》《三上寿》《梁祝姻缘记》等七八十部，短段儿多是从早期小曲子节目中传承下来的经典之作。这些作品或是对人文世象的详细描摹，或是对当地风土民情的生动表达。在琴音浅唱间、一弦一板中，将中原大地的沧桑变迁、悠远历史和独特风韵娓娓道来。

娱己娱人　自成一脉

　　山东琴书的发展主要分为三个重要阶段。第一阶段是山东琴书的最初形态——小曲子。在清朝中期，一些对音律有一定了解的文人雅士将大众耳熟能详的民间故事改编成曲子，抚琴而唱。这些小曲子唱词文雅讲究，演奏技巧高超，也被称为"琴筝清曲"。而后至乾隆年

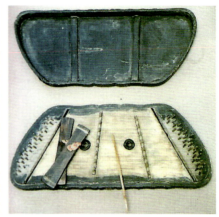

早期山东琴书演出使用的木筒坠琴　　南路山东琴书伴奏使用的软弓京胡　　早期山东琴书演出使用的蝴蝶琴及板

间，琴筝清曲渐渐冲破了文人雅士的小圈子，成为一种供平民百姓娱乐的民间艺术，但这些活动并不具有任何商业属性。在乾隆末年，出现了梁启祥等小曲子名家，此时的小曲子注重曲调的音乐性，唱腔优美，曲牌丰富多彩。

到了琴书发展的第二阶段，其艺术功能由"悦己"发展为"悦人"，出现了专门从业者。他们将这些具有娱乐性的小曲子整理加工，在民间进行"职业性"的说书表演。清末是山东琴书发展的繁荣时期，一些技艺精湛的艺人为谋生计，在农闲时走街串巷地演出，逐渐形成了一种没有固定演出场所，类似"路岐人"的演出形式。由于当时是以"他娱"为主要演唱目的，因此特别强调说唱内容的故事性，以吸引听众驻足，于是琴书艺人们创作了大量的中篇书。有些是他们口头创作的，也有些是从姊妹曲种中移植而来的，这些曲目反映了人民群众的理想和愿望，喜恶和爱憎，符合当时广大群众的审美要求。

第三阶段是城市说书阶段。随着商业的发展，民间艺人不再满足于只在节庆集会时演唱，他们逐渐进入较大的水陆码头，甚至商业城市。在商业发展过程中，慢慢形成了艺人固定的演出场所，使得琴书表演正式成为一种职业在城市中流行起来。由此，山东琴书进入了完全职业化演唱阶段。这一时期，山东琴书的表演功能不断增强，由于竞争激烈，艺人们更加注重自身艺术水平的提高和作品内容形式的创新。鉴于早期琴书曲牌冗长、格律要求过高、灵活性差等弊端，琴书艺人们开始对山东琴书进行改革，将唱段进行改善，形成较为固定的演唱模式，将【凤阳歌】和【垛子板】确定为山东琴书的主腔结构，将扬琴确立为主要伴奏乐器。

1933年，北路山东琴书的创始人邓九如、张凤玲、张心乐、邓秀玲等几位著名艺人在天津参加青年会商业电台演播时，正式将此曲种定名为"山东琴书"。

三大流派　各擅胜场

山东琴书的表现形式不一，少则一人，多则六到七人同时进行表演，多角分唱。一人说唱时，表演者需要边唱边弹奏扬琴。人多时会加入坠琴、筝等乐器。多人演唱时常采用对口的形式。随着历史发展和艺术本身的演变，演唱者不断地推陈出新，如演唱者设计了很多传神的表情，需要时可略加手势以助演，还可与观众进行交流互动，使观众共情，在保持了琴书原本稳重大方风格的基础上，极大提高了表演的情感表现力。

山东琴书由业余演唱转成职业演出之后，艺人们竞相斗奇，通过不断地实践和积累，产生了各路具有独特风格和艺术特色的流派，大体可分为南路、北路、东路三个唱腔流派。

在山东琴书的各个流派中，南路琴书是最早产生的，分布于鲁西南地区，在济宁、菏泽两个地区最为集中，主要形成了以李凤兴、李若光等为代表的"李派"和茹兴礼的"茹派"这两大派别。李派琴书艺人李若光认为"琴书讲究快口，拖腔拉韵的听众嫌腻歪……最主要是把词'卖'出去"。故嗓音条件好的艺人多用假声、顿音，说唱性较强，灵活多变，善于根据当地群众的习惯喜好去设计唱腔；茹兴礼的演唱技艺精湛，门下桃李甚多，在艺术上精益求精，不论在唱腔、内容还是在板眼上都有着丰富的变化，行腔婉转多变，尤其注意人物性格的刻画与情感表达。而且说、唱并重，演唱时夹评夹议，注重咬字，讲究平仄，语言生动通俗。

东路琴书主要由商秀岭开创，以青岛为活动中心，遍及整个胶东半岛。早年间，商秀岭专门到鲁西南学艺，发现鲁西南地区琴书的语言特点明显，尾音、唱词、节奏等都与他以往所唱的【凤阳歌】风格有很大的不同，于是借鉴吸收到自己的创作中。后来他的亲传弟子商业兴、关云霞发展出了以唱为主的"商派"琴书，其艺术特点是注重唱功，讲究以声传情，无论是唱腔还是演唱方法，都较之前有了重大的发展和创新。在唱腔设计上，注意从表现人物性格出发，唱腔多变、嗓音清亮，经常一句博得满堂彩，能给观众留下极深刻的印象。东路琴书以唱为主的特点，除了为迎合群众欣赏习惯，也是艺人先天嗓音条件

山东琴书（东路）"商派"创始人商业兴、关云霞演出旧照　　青岛曲艺团山东琴书（东路）演出旧照（从左至右：耿殿生、朱丽华、付子玉）

山东琴书（南路）代表艺人李若亮、李湘云演出旧照　　山东琴书（南路）代表性传承人王振刚（左一）等表演《水漫金山》　王东涛摄

山东琴书（北路）代表性传承人姚忠贤（左一）演出旧照　　姚忠贤（左）与徒弟杨珀双档表演　王亚太摄

好以及对唱腔精益求精的结果。

北路琴书兴起于民国初期，也就是山东琴书进入城市演唱阶段的中后期，它以济南为发展中心，流行于鲁中及鲁西北一带，经常在大城市演出，注重咬字清晰，唱腔优美动听。以"邓派"琴书为主要代表，较有影响的艺人有邓九如、丁玉兰等。邓九如是北路琴书的创始人，为了迎合当地群众的欣赏习惯，他将唱词由鲁西南方言改为济南方言，善于运用当地的俚语、趣事，广泛吸收山东大鼓、京韵大鼓、京剧、评剧等各种艺术之所长，丰富琴书的表现力。并不断对唱词、曲调等进行修改、创新，突破了琴书原有固定程式束缚，发展了【垛子板】的各种唱法，创造出更富特色、广受听众喜爱的艺术风格。因邓九如的嗓音音域不太宽，所以北派琴书唱腔多平滑，少有上滑音，强调在旋律中求韵味，给人以纯真质朴的感官享受。

快慢相宜　婉转多变

【凤阳歌】和【垛子板】是山东琴书的基础曲牌，曲体结构稳定，板式形态灵活多变。

【凤阳歌】也称【慢板】或【四平调】。结构为四句一番，基本句式为七字句，句内可加嵌字、衬字，一板三眼，常眼起板落，旋律委婉，富有歌唱性，适于抒情，也可变换速度，用于叙事。【凤阳歌】多作为唱段开头的曲牌使用，根据需要，还可以在唱段的中间部分重复出现。

如北路山东琴书《双赶车》，是一段景象描写，为G调七声清乐徵调式，每节四句，都为七字句。第一句为起句，落"do"音；第二句是第一句的变化发展，落"sol"音，第三句为转句，落"la"音；第四句再现第二句的曲调，落"sol"音，为典型的起承转合式规整体式。此段多使用滑音、波音、倚音，但在演唱时并无平淡单调之感。【凤阳歌】依据不同角色及故事情节的转变，在腔调及节奏速度上做不同处理，同时，琴书艺人在演唱时会结合方言及观众喜好等方面的差异，充分发挥自身嗓音特色，丰富山东琴书唱腔曲牌的表现力。

【垛子板】又称【快板】，曲调旋律是在【凤阳歌】第一乐句基础上演变而来的，属于上下句对仗的两句体结构，常被用在【凤阳歌】的后面，即唱段的中间部分或结束部分。【垛子

【凤阳歌】

（甲）一到 秋 天 风 渐
凉，
棉花 盛 开
谷 穗儿 长（啊）。
说不尽
大 地 上 丰 收 景 象，
公 路 上
看 有一辆 马 车 跑 得 忙。

北路山东琴书《双赶车》谱例

板】一板一眼或有板无眼，一般字多腔少，旋律性不强，适于叙事，唱词可增字或减字，灵活性很强。在调式上采用商调式，上句的落音一般落在"do"音，但也相对自由，而下句一般落在"re"音上。

如南路山东琴书《倒休》，描写崔氏拿到休书时的欢喜心情，为商调式中的E调商变宫六声调式，"接过来"的"来"字在口头语言中应是一带而过的，但在这里其为了配合向下小三度的行进有所拖长，并未影响语义的表达，却使得曲调富有韵律感，亦是为下一步"休书观看"动作的表达积蓄力量。为了适应鲁西南泼辣的语言风格，曲调中使用了四度连续跳进与向下六度的大跳。十六分音符接四分音符、八分音符的节奏型，是对"哟哟嗨""嗨嗨哟"前紧后松感叹词组的模仿，后两句的节奏型丰富，使得此段节奏强烈，表达崔氏拿到休书时的激动。在此句后的过门，为唱腔增添色彩，使唱段过渡衔接得更加自然

【垛子板】

南路山东琴书《倒休》谱例

流畅。此段大部分落音符合基本规律，但"放开鸟"落音"mi"，"往空逃"落音"mi"，虽不符合落音规律，但利用此句增加了落音变化，丰富了整句唱腔的色彩，更加突出了崔氏的喜悦之情。【垛子板】常使用口语化的语言，更易为老百姓所接受，为增强艺术表现力，往往还在段落结尾处加入拖腔。

古乐新声　清曲长鸣

琴筝清曲是山东琴书、山东筝乐、菏泽弦索乐三个国家级非物质文化遗产项目的早期综合形式，明清时期就已流行于鲁西南地区。山东菏泽的琴筝清曲古乐社作为山东省推行非遗保护的重点项目，于2013年9月揭牌成立，旨在更好地继续演出和传承民间乐种、曲种。乐社中的乐师大都是国家级、省级、市级的非遗传承人。由菏泽市曲艺家协会主席苏本栋先生牵头，胡华山、王振刚为主的60岁以上老一辈演奏员引领，祝妍芳等40岁以上骨干演员带领着孔鲁顺等新一代青年传承人，建立起以老带新的良性发展模式。乐社成员在排练演出的同时，努力挖掘、整理、恢复、传承了一大批优秀的传统曲目和经典唱段。

乐社赓续传统，努力顺应时代发展和民众需求，在传承中求发展，在变革中求生存，对山东琴书、菏泽弦索乐等曲种、乐种进行精细化收集，将散落的"珍宝"整合起来，通过定期演出、民间音乐进校园等方式将传统音乐科学化保存，让老传统焕发新生机，做到活态化传承，真正让老技艺传袭下去。

【上河调】

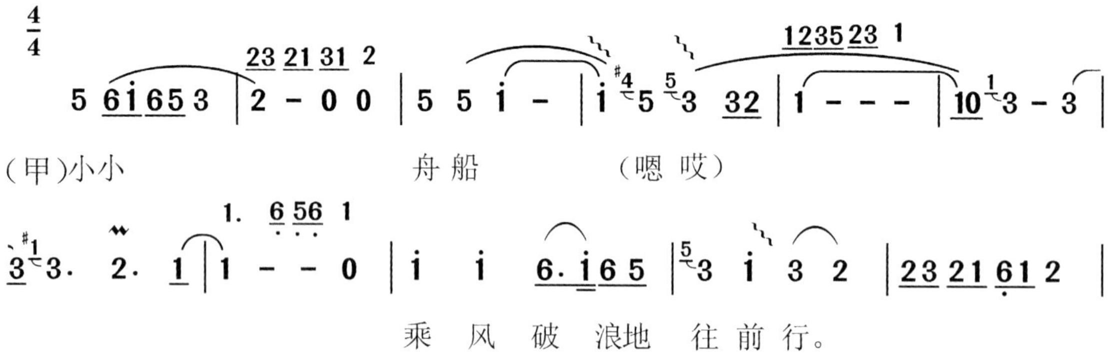

（甲）小小　　　　舟 船　　　（嗯 哎）

乘 风 破 浪地 往 前 行。

山东琴书《白蛇传》乐谱节选

【上河调】

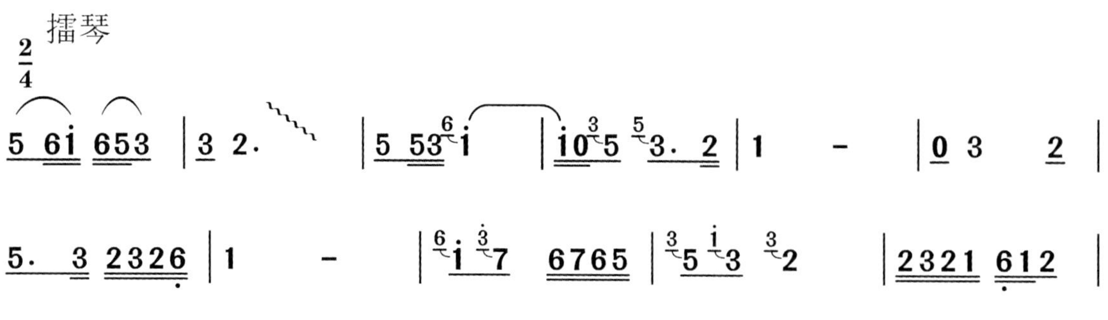

《乡音和鸣》乐谱节选

山东琴书表演者在济南市文化馆内演出　视觉中国供图

例如，乐社经常演出的作品《乡音和鸣》，采用曲牌改编的形式，将山东琴书唱段融合到弦索乐当中，是一种返璞归真的尝试。乐曲使用的曲牌【上河调】也是采用传统山东琴书《白蛇传》中的曲牌进行连缀，将领奏乐器改为擂琴。擂琴是极具山东特色的乐器之一，该乐器音域宽广、演奏灵活，可模仿包括人声在内的多种声音，尤擅长对戏曲声腔的模仿。擂琴领奏的【上河调】，充分发挥了擂琴的特性，用以模仿琴书唱段，惟妙惟肖。

寓教于乐　经典永传

山东琴书作为一种雅俗共赏的民间说唱艺术，其演唱词句通俗易懂，格调简约活泼，将方言语汇、民风民俗、生活万象、大众心理等淋漓尽致地予以呈现，纯朴中显幽默、平易中求韵味，是山东特色文化艺术的基石。其作品本身是百姓口口相传的历史故事、生活

济南百花洲畔，来自芙蓉馆的说书艺人正在演唱传统山东琴书　纪哲哲摄

演员在第七届中国非物质文化遗产博览会上表演山东琴书　中新社记者　张勇摄

故事，贯穿于不同的历史时期，有着深刻的时代印记，对研究我国北方广大地区的民风习俗、风土人情具有重要的参考价值。在山东琴书中还遗存着很多古老曲牌，是记录我国民间曲种流传演变过程的鲜活材料。在山东琴书丰厚的底蕴上发展演变出山东吕剧，成为我国传统戏曲八大剧种之一。

山东琴书经历了漫长的传承岁月，以其自身的独特魅力，滋养着齐鲁子民的精神与心灵。曲艺界素有"说书唱戏劝人方"的思想追求，这使山东琴书在当代社会仍拥有深厚的群众基础。它承载着历史、文学对音乐的眷顾，在齐鲁大地漫长的历史文化场域中，扮演着重要的角色。

曾几何时，传唱于田间地头的方言俚语，对于齐鲁乡民而言，好似粮粟布匹一般不可或缺。一唱三叹里充满了"忠孝礼智信"，唇齿喉舌的配合下表达着"温良恭俭让"。作为深受黄河文化影响的齐鲁艺术瑰宝，山东琴书用她特有的陈述方式，刻画着质朴的民风、历史的更迭与时代的华章，与时俱进、历久弥新。

翅碱蓬将黄河入海口的滩涂湿地铺成"红地毯"，
众多鸟儿在此流连栖息　周广学摄

山东东营黄河入海口"潮汐画"景观　视觉中国供图

柳子戏：

东柳吐翠　古韵新声

大河与大海，好像本就是一双故人。当黄河之水带着万折必东的气概流入地势平坦的山东后，反而有些近乡情怯似的慢了下来。她绕过鲁西南的很多村庄，迂缓地向东方大海的方向流去。

随着河水的流速变慢，泥沙沉积的速度却快了起来，致使鲁西南一带的黄河大堤经常决口。为了预防不期而至的洪水，人们在修建房屋之前往往先筑起高台。而这些高台中，常常会有一座展现世情百态的戏台，各种风格的民间艺术在这里次第登场，姹紫嫣红。即便是一个小村庄的房前屋后，亦有可能是说书唱戏者容身献艺的"大雅之堂"。

"顷刻驱驰千里外，古今事业一宵中。"出将入相，开场散场间，同一个故事以不同的腔调呈现出来，会有各不相同的味道，称得上环肥燕瘦各擅胜场。不过要以难度和文气而论，历史悠久的柳子戏，在这里可拔得头筹。

"东柳"婉转　唱数百年风月

柳子戏，亦称"弦子戏""北调子"，在有些地区也叫"吹腔""糠窝子"，广泛分布在山东、河南、江苏、安徽以及河北的一些地区，其中尤以鲁西南和苏北最为繁盛。柳子戏传承时间已经超过六百年，是极具文化价值和观众基础的古老剧种。

在中国戏曲史上，将"东柳、西梆、南昆、北弋"并称。"东柳"指的就是柳子戏，它与梆子腔、弋阳腔、昆曲一样盛名在外。根据相关记载，柳子戏在明朝成化年间便已经流行于山东郓城等地。在其诞生过程中，深受宋金俚曲和元明北曲的熏染，又因以弦索乐伴奏，所以得到弦子戏的称呼。随着表演技巧日趋丰富，柳子戏在清代前期逐渐传到江南，在京杭大运河的桨声灯影中，与高腔、昆腔、青阳、乱弹、皮黄等各种唱腔充分融合，走向了鼎盛。柳子戏曾一度在京城亮相，在清嘉庆八年（1803）所著的《日下看花记》中曾有"弋阳、梆子、琴、柳各腔，南北繁会，笙磬同音，歌咏升平，伶工荟萃，莫盛于京华"的记载，足以见得当时柳子戏在全国戏曲界中有着相当高的艺术地位。

现存记录在案的柳子戏剧目有200余出，唱腔曲牌多达600余支。由于历史悠久、内容丰富、题材广泛，柳子戏被认为是研究中国戏剧发展的重要样本。一出柳子戏，常常包含了严谨的曲牌格律、齐全的过门流程以及灵活的板式转换，可谓规矩完整、要素齐全。所以有观点认为，柳子戏作为北方元曲的直接继承者，几乎延续了元明散曲所有的艺术特征，同时也影响过全国上百个戏种的创作和发展。

柳子戏唱腔以俗曲和柳子调为主，其中的"二八调"带有一些昆曲的特色，体现了南北艺术的交融。因此，柳子戏除了有北方曲种的豪迈大气之外，还多了一丝江南戏曲的清澈婉转。尤其是旦角的唱腔，善用多变的拖腔来展现千娇百媚的人物特色。人们生动形象地将柳子戏的唱腔特色总结为："小旦唱得颤微微，小生唱得云上飞，青衣哎哎水中漂，花脸横磨声如雷"。也有人称柳子戏的唱腔是"九腔十八调，七十二哎哎"，可见其变化之繁复，难度之高。

柳子戏的伴奏乐器主要有竹笛、笙和三弦，伴奏时以单旋律的随腔齐奏为主。在伴腔时，笛子吹奏的旋律基本与唱腔相同，而笙和三弦则可加花变奏；演奏过门时，笛子可即兴发挥，与笙和三弦构成支声复调，艺人称其为"严丝合缝，风雨不透"。

唱念坐打　皆凭苦心孤诣

柳子戏属于多声腔的曲牌体剧种，其唱腔由众多不同宫调、不同板式的曲牌所构成。既有粗犷奔放、质朴劲拔的"粗曲子"，又有缠绵细腻、典雅华丽的"细曲子"。因此，在音

山东卫视《戏宇宙》名家演唱会上，尹春媛表演柳子戏《红罗记》选段
视觉中国供图

乐风格上既有通俗易懂、乡土气息浓郁的【调子】【赞子】，又有文雅大度、颇具宫廷色彩的【风入松】【步步娇】。柳子戏唱腔以明清俗曲为主体，在数百年的发展过程中，也不断吸收借鉴了其他多种声腔的曲调，逐渐衍化为自己的曲牌。

柳子戏最常用的曲牌为"五大曲"，包括【锁南枝】【驻云飞】【黄莺儿】【山坡羊】【耍孩儿】。除此以外，还有以下几种常见的曲牌：

1.同一个牌名内包含两支以上不同曲调（或板式）的"复曲"，如【步步娇】【画眉序】【驻马听】【桂枝香】【风入松】等。这些曲牌很多源自宫廷雅乐，旋律抑扬顿挫，具有很强的感染力。

2.一个牌名只有一种唱法的"单曲"，如【绣罗带】【二凡】等，多为专曲专用。

3.在传统剧目中穿插连缀的小令，如【银纽丝】【爱春风】等，多以吟诵的形式呈现，用以调节唱段的长短节奏。

4.由七言或十言为主的上下对偶句组成的曲牌，如【序子】【柳子】【赞子】【调子】等。

5.客腔类曲牌，是指由其他曲艺唱腔演变而来的曲牌，如【青阳】【高腔】【乱弹】【昆调】【皮黄】等。

如此名目繁多的曲牌，全部学习掌握的难度可想而知，而柳子戏字少腔多、婉转多变的特点，也给演唱者带来了更多的挑战。学唱柳子戏需要付出多于其他剧种数倍的功夫，根据行内的经验统计，培养出一个合格的柳子戏演员最少要六年，比其他剧种要多花一倍时间。

除了演唱，柳子戏演员还需要训练身法，这更是容不得半点偷懒的硬功夫。柳子戏传统行当分为四生、四旦、四花脸，三大门头十二行。20世纪20年代以后，随着柳子戏演出剧目的增多、演出阵容的扩大，行当的划分也日趋明确具体，演变为现行的生、旦、净、末、丑五大门类。

兼修生行和净行的"大红脸"，是柳子戏特有的角色行当，往往由"台柱子"型的骨干人才担任，行内也称"黑红搅子"。诠释的都是豪勇过人、雄浑壮烈的大汉，比如《单刀会》中的关羽、《张飞闯辕门》中的张飞、《挂龙灯》中的赵匡胤等。其唱腔以高亢热烈著称，颇受观众欢迎。山东聊城有句俗语叫"不看唱戏花衣裳，也看柳子光脊梁"，这也从一个侧面反映了鲁西南地区尚武重义的传统。

戏里戏外　总是人生浮沉

清朝中期，"东柳"曾在京城的舞台上名噪一时。但四大徽班进京后，京剧逐渐崛起，影响力式微后的柳子戏又回到了原生之地，在村田瓦舍之畔继续经营。在这一时期，柳子戏出现了姚天机、王福润等代表性人物，他们通过各种形式，进一步丰富了柳子戏的呈现水准，并培养了一批深受群众喜爱的演员，使柳子戏焕发了新的生机，产生了曹县义盛班、定陶宋楼班、济宁孙家班等多个颇具地方影响力的班社。

然而，接连不断的战乱让柳子戏再次失去了自己赖以维生的地盘。很多柳子剧团流离失所，艺人们或改唱他戏，或弃戏务农，只有个别剧社勉强维持演出，惨淡经营。新中国成立以后，在政府的关怀下，山东各地的柳子剧社重新组建，很多柳子剧团得到了较好的发展，如郓城县工农剧社、复程县新声剧社、嘉祥人民剧社等，柳子戏又重新回

柳子戏《张飞闯辕门》演出照　王亚太摄

2020年山东春节联欢晚会上的柳子戏表演《张飞营》　纪哲哲摄

到了观众的视野中。

　　这期间，郓城县工农剧社编排创演的一些剧目，很受当地百姓的欢迎。1958年，老戏《三上本》由济宁地区戏曲研究室整理后，由郓城县工农剧社演出。1959年，郓城工农剧社上调到省里成为山东省柳子剧团后，集中各方面的力量对《三上本》进行剧本的重新编排和表演的升级，并更名为《孙安动本》。这出戏讲述的是明朝万历年间，曹州知府孙安为了弹劾当朝宰相张从，一日之内三次上奏皇帝的故事。剧中刚正不阿的孙安，由著名柳子表演艺术家黄遵宪扮演。此剧一经演出，迅速火遍大江南北。1962年，《孙安动本》被上海电影制片厂的钱千里导演拍成电影，依旧由黄遵宪扮演孙安。凭借电影营造起的热度，柳子戏在全国的影响力达到了巅峰，《孙安动本》被京剧和秦腔等戏种借鉴改编。"文革"期间，《孙安动本》被迫停演。汶上县陈堂剧团的陈秀乾、陈秀坤兄弟等柳子戏传承人将样板戏改编为柳子戏版本，使柳子戏得到生存下去的机会。

　　改革开放后，黄遵宪带着《孙安动本》重新回到了舞台。后来，这部戏由王兴苍、杨春伟、李长祥三位演员继续传唱下去，他们被称为第二代"孙安"。近年来，更年轻的演员

周金伟饰演的"孙安"　　山东省柳子戏艺术保护
传承中心（山东省柳子剧团）供图

周金伟成长起来，成为山东柳子剧团第三代"孙安"的扮演者。黄遵宪老先生为人谦逊，他反复嘱咐后生："千万不要把孙安演成黄遵宪，要把孙安演成'柳子戏的孙安'，演成'周金伟版孙安'。"

如黄遵宪先生一样德高望重的老一辈的柳子戏传承人还有很多，比如著名演员李艳珍、作曲家高鼎铸等。尤其是生于1934年的冯保全先生，他自幼双目失明，全凭过人的记忆能力，牢牢记住了柳子戏的伴奏音乐200余首，令人敬佩。在业内，冯保全先生被称为"一肚子都是戏"的柳子"活字典"。他培养出很多弟子，其中的大青衣名角迟皓云，后来也成为柳子戏的国家级传承人。

新蕊绽放　迎来盛世芳华

山东柳子剧团作为全国唯一的柳子戏专业艺术表演团体，曾被誉为"天下第一团"。近年来迎着文化"两创"的春风蓬勃发展、收获颇丰。

柳子戏《老青天》剧照，王粉莲由青年演员尹春媛（左）饰演　视觉中国供图

2020年11月，山东省柳子剧团的新创剧目《老青天》首映。这部剧既是一部有时代意义的反腐清官戏，又是一部难得的回归柳子戏本体的历史新编喜剧佳作。由国家一级编剧、戏曲编剧大家刘桂成进行剧本编创，一改以往经典包公戏中威严的包公形象，塑造了一个亦庄亦谐的喜剧包公形象。这部戏严格按照柳子戏的传统曲牌和音乐创编，但情节更明快，令观众眼前一亮。

2021年4月，山东省柳子剧团为庆祝中国共产党成立100周年，创排了柳子戏《江姐》。柳子戏版《江姐》最早改编于1965年，又于1984年进行了重新排演，在各地演出时大获好评。2005年，柳子剧团再次复排《江姐》，并在央视戏曲频道连续播出多场，在全国引发了广泛关注。新版本的《江姐》情节更加紧凑，演员表演也有诸多新突破。

这部剧也体现了山东柳子剧团几代"江姐"的代代传承。新编《江姐》由刘海霞、尹春媛两位当家花旦担纲主演。尹春媛是一位90后演员，在她看来，古典戏剧更趋向于定式，而现代

刘海霞舞台表演剧照　山东省柳子戏艺术保护传承中心（山东省柳子剧团）供图

2020年6月5日晚，济南泉城路夜市迎来首个周末秀，柳子戏也摆起了"地摊儿"演出，引得不少市民围观　视觉中国供图

剧更要借鉴话剧的技巧，对角色进行解析和升华。作为柳子戏年轻一代的传承人，她在唱戏作艺上下足了功夫，由武戏入行，不断尝试角色突破，终于达到诸艺皆能样样精通。尹春媛在荣获第31届上海白玉兰戏剧表演艺术奖新人配角奖时动情地说："我想我会用一生的努力、一生的汗水，继续奋斗在我挚爱的舞台上，用毕生的热情来传承和弘扬我们的柳子戏。"

与尹春媛年龄相仿的刘海霞主攻青衣，尤以身段见长，在山东省地方戏青年演员邀请赛上，她凭着一套行云流水的水袖表演技惊四座，拿到"最佳表演奖"和"传承经典大奖"。

近年来，为了弘扬传统戏曲，尹春媛、刘海霞等新生代演员们，频繁地出现在街头巷尾，展现"东柳"的魅力。她们穿戴起亮眼的行头，穿行于济南百花洲文化街区、泉城路夜市等闹市中。当柳腔在泉城河边的柳间飘摇回荡、水袖在月光下盈盈舞动时，时光仿佛穿行了数百年，在柔曼的和风中，荡起了波纹。

黄河济南长清段黄河大桥景观　视觉中国供图

山东梆子舞台表演剧照　徐飞摄

山东梆子：
一声响历尽百年秋

　　木头碰木头，发出迟滞悠长的钝音，一派古拙感扑面而来。然而越是朴拙，越是有顽强的生命力，世间的玄妙之处莫过于此。因以硬木梆子击节而得名的梆子腔，是中国戏曲的"四大声腔"之一。山东梆子是梆子腔向东流传至最远端的代表剧种，在流传过程中受到沿线其他梆子腔剧种的影响，在与本地语言、文化、地理等因素结合后，逐渐形成自身独特风格。因其高昂激越的特点，也被人形象地称为"舍命梆子腔"。

　　关于"梆子腔"最早的记载出现在清朝康乾时期，清朝中期至末期，是山东梆子蓬勃发展的时期，它以各个民间戏班为载体，活跃在广大农村地区。新中国成立以后，根据政府的要求，原有的民间戏班改制、改建为山东梆子剧团，改编了很多老戏，排演了大量新编剧目。1958年，山东省梆子剧团成立，标志着山东梆子的编创、表演、理论研究都达到了高峰。

　　山东梆子在近四百年的发展道路上曾经历了多个起伏时期，其中新中国成立之前的"沉淀期"缓慢且漫长。1949年之后，受到社会制度、经济体制等的影响，变动较为频繁，大致可区分为"繁荣期""恢复期""低谷期""回归期"。

清初—1949，沉潜积淀

山东梆子形成之初，被称为"高调梆子"。据山东梆子老艺人段广才回忆，流传于济宁的"高调五福班"是明万历元年（1573）以前创办的。由此推断，山东梆子的前身——"高调"已经有400多年的历史了。清乾隆五十年（1785）所刊印的吴长元《燕兰小谱》中记载的"花部四十四人"中，有两名山东籍的演员（于永亭，即墨人；孟九儿，历城人）。清雍正十年（1732）《梨园馆碑记》记载，会首（指旧时民间各种叫作"会"的组织的发起人，也叫"会头"）中"孙国豹系山东兖州府滋阳县人，郭凤山系山东人"。说明当时已有山东籍的演员进京献艺了。

山东梆子的班社从清初到新中国成立前，遍布鲁西南地区，其中菏泽曾有35个班社，济宁有33个，泰安有12个。除此以外，临沂、聊城、枣庄、济南等地也相继成立过山东梆子班社，他们的演出足迹北到河北石家庄，南到安徽、江苏北部，西到河南开封。可以说，山东梆子是山陕梆子流传到山东的最大分支。

从清初到民国乃至新中国成立后，山东梆子一直以戏班为载体进行演出和传承。这种演艺形式显示出了强大的生命力，同时也反映出山东梆子在老百姓心目中的重要地位。俗语讲"骚罗戏，浪卷戏，要看还是梆子戏"。据统计，山东梆子的传统剧目共有630出左右，其中有440出戏的剧本保存于山东省艺术研究所，另有约200余出戏遗失。

山东梆子班社采用最传统的管理方式，日常演出归"掌班"组织，多劳多得，不养闲人。受清代禁戏政策的影响，山东梆子一直以全男班演出为主，直到1900年，才开始出现女伶上台表演。巨野县"女班"中的小冷儿（旦）、小景儿（旦）曾轰动一时。其他戏班也于这一时期陆续开始招收女演员，比较著名的有：单县的王德兰、"绿大褂子""红大褂子"（小环），巨野县孔班的李翠喜，汶上县萱楼班的吴太云等。甚至莘县沈庄的女演员大金能演唱黑脸。

20世纪30至40年代，山东梆子艺人与河南豫剧艺人交流频繁，经常相互邀请到对方地区演出，俗称"邀角儿"。"豫剧皇后"陈素真早年在杞县、开封演出时，曾与山东梆子艺人搭过班，她在回忆录中讲到，当时山东梆子唱腔已经到达了很高的艺术水平。山东梆子在与豫剧艺人合班演出的过程中受"豫东调"的影响较大。同时，山东梆子音乐的改良措施也被豫剧所吸收，比如20世纪20年代之前，豫剧与山东梆子的主奏乐器都是二弦，山东梆子率先尝试用板胡作乐队主奏，后来这一创新形式被豫剧所借鉴，板胡才成为豫剧乐队的主奏乐器并延续至今。陈素真回忆录也记录了这一事实："从山东班到开封后，人家的主弦是板胡，比二弦好听得多，樊先生（樊粹庭，豫剧作家、改革家和教育家，被称为"现代豫剧之父"）才废除了二弦。"

1949—1966，繁荣兴旺

新中国成立以后，一些建制完善的戏班被改制成为专业剧团，从私有制改为政府拨款。从民营划归国营，这是一次巨大的转变。但由于当时很多梆子剧团是由若干戏班艺人合并组成的，所唱的腔调比较纷杂，以山东梆子与河南梆子唱腔为主，所以建国初期编演的剧目也是二者兼有。而且很多剧团并不能确定以哪个剧种为主，只能以"××人民剧社"或"××大众剧社"来命名。比如湖西人民剧社，是以原来流行于江苏丰县的薛家班为班底，又吸收了单县、鱼台县的部分演员组成。根据1961年数据统计，山东梆子专业剧团达到了18个，为史上最多，山东梆子迎来了蓬勃发展的时期。另外还有大量民营剧团活跃在鲁西南的广大农村，延续着传统戏班的特性和功能。

随着新中国的成立，全国戏曲曲艺都迎来了新的发展时期，秉承着"改人、改戏、改制"等政策方针，一批戏曲剧团、戏曲工作室、戏曲研究室在全国各地相继成立。广大戏曲工作者积极地投身于戏曲创作的热潮中，对传统戏进行改编、创新，产生了一批新编历史剧，并结合我国新民主主义革命以来的真实历史创作了一批现代戏。

1958年6月，山东省梆子剧团成立，这是山东省地方戏三大省直团体之一（其他两个为山东省吕剧院、山东省柳子剧团）。为了保证山东梆子的原汁原味，山东省梆子剧团把菏泽地区人民剧社全班调入，同时吸收济宁和菏泽巨野地区部分著名演员。自此，该剧团拥有了窦朝荣、卢胜奎、刘玉朋、刘君秋、刘桂荣等优秀演员，行当齐全，力量雄厚。1960年7月，山东省梆子剧团带着改编创作的《墙头记》《玉虎坠》《万家香》等新剧目进京演出，朱德、叶剑英、李先念、陈毅等党和国家领导人观看了演出。尤其值得一提的是《墙头记》，1960年5月，毛主席视察山东时曾在济南观看过，进京演出后流传甚广，后来被拍成中国唯一一部山东梆子电影在全国发行。

纵观这一阶段山东梆子的发展，传统戏在改造中获得新生，现代戏在开拓中得到发展。1956年12月，文化部公布全国第一批获奖剧目名单，山东梆子《两狼山》榜上有名。1964年，山东省梆子剧团先后编演了现代戏《前沿人家》《龙马精神》等，这些剧目曾被京剧及其他地方剧种广泛移植。

1976—1986，涵育生机

1976年，戏曲曲艺界拉开了"拨乱反正"的序幕，柳子戏《孙安动本》、山东梆子《前沿人家》等剧目重返舞台，许多停演多年的剧目，如《玉虎坠》《墙头记》《前沿人家》等相继恢复演出。十年没有戏看的观众如久旱逢甘霖，终于有了观戏自由的权利，热情空前高涨，我国戏曲曲艺事业也迎来了又一次发展高峰。

从1978年开始，很多之前被撤销的剧团纷纷恢复建制，开始整理传统剧目。当时在山东举办的各类戏曲汇演、戏剧月活动层见叠出。短短的几年内，剧团创作排演了很多优秀新编剧目。其中，新编历史剧有山东省梆子剧团的《程咬金招亲》、曲阜县山东梆子剧团的《闯王剑》等，现代戏有泰安地区山东梆子剧团的《柳下人家》、嘉祥县山东梆子剧团的《风落桐》、泰安地区山东梆子青年演出团的《泰山魂》等。总体来讲，这一期间的剧目还是以传统戏为主，新编历史剧、现代戏为辅。山东梆子剧团数量也恢复至9个。

这个阶段的山东梆子创演可以分为两个方向。

第一是延续了"三并举"（指现代戏、传统戏和新编历史剧三种类型的剧目同时发展）的政策方针，继续对传统剧目进行恢复和挖掘，包括恢复在"戏改"期间所创作剧目的演出。比如1960年，山东省梆子剧团创作的新编历史剧《墙头记》，本来已经获得了观众的一致认同，在戏曲汇演中也曾夺得多个大奖，但是随着1964年要重点编演现代戏这一政策调整，被迫停演，当恢复演出时几乎达到了"万人空巷"的场面。1978年，《墙头记》在山东剧院演出时曾经创下了连演45场不换戏码的记录。

第二是加强新剧目的创作比例。山东梆子的新创剧目较少，有王公贵胄、才子佳人、神话传奇等题材，而更多的是表现家长里短、邻里纠纷、亲情爱情等农村题材作品，这与山东梆子在鲁西南地区的广泛群众基础和当地人民的兴趣取向息息相关，说明山东梆子一

山东梆子演员窦朝荣（左）、任光明（中）、李云鹏（右）演出旧照
济宁市山东梆子剧院提供

山东省梆子剧团演出《春秋配》，刘桂荣（右）
饰姜秋莲，王桂云（左）饰乳娘

方面善于表现农村题材，另一方面也具有地方特色和时代气息。

1986—2006，经历低潮

20世纪80年代中后期，国有文艺院团开始进行体制改革，彼时正值港台流行音乐在大陆兴起并迅速卷起流行旋风的时期，电影和电视节目极大地丰富了老百姓们的日常娱乐生活，录像厅、舞厅、卡拉OK厅、游戏厅等娱乐场所如雨后春笋般层出不穷，观戏听曲已不再是群众唯一的娱乐方式，这使得山东梆子观众群体日益缩减。

随着体制改革的推进，文艺院团改为自收自支的经营形式，有部分剧团开始实行承包制，不断增加演出场次，演出地也不仅限于本地，宣传范围逐渐辐射至周边城市甚至河南、河北、山西等地。为了满足市场需要、保障利润，有的剧团一年的演出频次能达到千场，甚至分成两三个演出分队在各地同时演出。

1985年，山东省开始改组裁撤剧团，原则上一个剧种只保留一个专业剧团，一个县市只保留一个专业剧种。两年时间，全省有72个剧团经过整顿后减掉3100余人。根据剧团分布和群众喜好，撤销、合并了17个团，变更了15个团的剧种。至2005年，全省只剩下8个戏曲专业剧团，而山东梆子剧团只留下郓城和巨野的两个。很多剧团由事业编制改为企业编制，工资一部分由国家划拨，其余部分靠自收自支。许多剧团经营窘迫，演员工资收入很低，只得另寻第二职业。有的演员自发组织小团体参加商演或者承接红白喜事，有的直接改行。剧团长期没有排练和演出任务，演员们的业务功底大大下降。

在体制改革的大潮下，山东梆子剧团存在的诸多问题也逐渐显现出来。山东梆子是用鲁西南方言演唱，属于中原官话区的"兖菏片"。1958年山东省梆子剧团成立的时候，演员主要来自济宁、菏泽两地。当他们教授徒弟的时候发现，招来的学员并不能适应鲁西南方言，而且山东梆子的演唱风格难以同周边地区群众的审美达成一致，这些都使山东梆子在传承上比较困难。1986年，在慎重考虑以后，山东省政府宣布山东省梆子剧团撤销编制，原有人员安置到新成立的山东省艺术服务中心。当时山东省梆子剧团拥有刘桂荣、刘玉朋、刘君秋、杨梅兰、卢圣奎、宋玉山、庞洪德等一众优秀演员，还有开瑞宝、王桂令等优秀乐师。这些人都是当时山东梆子的中坚力量，他们离开舞台对山东梆子的创新、传承、发展造成非常大

《五凤岭》演出旧照　泰安市山东梆子剧团供图　　　　《贺后骂殿》演出旧照　泰安市山东梆子剧团供图

的影响，严重削弱了山东梆子的艺术力量，山东梆子也由此走向衰落。

但令人欣慰的是，虽然山东梆子的演出市场大大萎缩，但鲁西南地区人民对民间曲艺的热情丝毫未减。山东梆子的主要阵地就在鲁西南农村，除了少数专业剧团以外，农村还有数百个民营剧团和戏班长期开展演出活动。随着山东梆子衰落，豫剧反而占领了鲁西南的戏曲市场。由于找不到山东梆子剧团，人们转而寻找豫剧团，甚至到河南省搬请实力较强的一些地区级、市县级剧团来演出。至今活跃在鲁西南城乡的戏曲团体，绝大多数都是豫剧团。

从20世纪80年代后期，一直到非物质文化遗产保护措施实施之前，山东梆子都处在极度衰败期，没有编过像样的新创剧目，下乡演出也基本以唱豫剧为主，受豫剧同化非常严重，鲁西南观众甚至都忘记了山东梆子这个剧种的存在，也完全没有意识到这一剧种已到濒临灭绝的危机境地。

2006至今，凤鹏正举

进入新世纪，随着昆曲、古琴、木卡姆、长调先后被列入世界"非遗"，各省也开始了非物质文化遗产的申报推荐工作。2006年，山东梆子被列入省级"非遗"项目。2008年，又被列入国家级"非遗"项目，山东梆子迎来了发展的最好时机。山东境内的豫剧团也陆续意识到，本土梆子才是自身发展之道，纷纷改回山东梆子剧团或者在豫剧团的基础上加挂山东梆子牌匾。时至今日，山东省内的豫剧团绝大多数已完成了更名和加挂。诚然，这与"非遗"保护政策的实施有重要关系，但更多的是诸剧团自我认同、文化回归的直接结果。现今，山东梆子专业剧团已经多达15个，一方面恢复了很多传统剧目排演，另一方面创作出了更多的贴近时代、贴近百姓并富含地方特色的新编历史剧与现代戏。

山东梆子实验剧团演出新编历史剧《闯幽州》 吕克供图

山东梆子《孟母》剧照 徐飞摄

2013年，第十届中国艺术节在济南举行，山东梆子四大地级院团各排出一个精品剧目参演。泰安选送的《两狼山上》、菏泽选送的《古城女人》、济宁选送的《圣水河的月亮》、聊城选送的《萧城太后》四个剧目在艺术节上全部获奖，后又进京演出，其盛况不亚于新中国成立初期演出《墙头记》《玉虎坠》时的景象。中国戏曲学会会长薛若琳盛赞了当时的演出，表示这是自1991年文化部设立文华奖评奖机制以来，山东获奖最多的一届，超过历届其他省的获奖数量，标志着山东不仅是戏剧大省，而且也是戏剧强省，成为全国剧坛少数几个领军省之一。

2021年12月29日晚，山东省文化艺术学校山东梆子实验剧团在山东剧院演出新编历史剧《闯幽州》，引发了山东戏曲界的轰动。这是该学校在2013年招收的第一批梆子班学员在学习期满之后给观众做的汇报演出。这一批青年演员年龄都在20岁左右，入学时大多才十一二岁，在完整的学习了山东梆子的表演之后，又成立青年实验团磨炼了两年，现在都已经开始崭露头角，有几个演员甚至开始挑大梁担任主演。这标志着困扰山东梆子多年的传承难问题得以缓解。据创立这期梆子班的山东剧协副主席柴心记先生介绍，由于原山东省梆子剧团撤销已有四十年之久，他很希望这批青年演员能够接过重任，重拾山东梆子省级剧团的龙头地位。

申遗成功，催化了山东省内豫剧团向山东梆子剧团的转变，虽然当前还处在过渡阶段，距离最终完成向山东梆子风格的转变还需要很长一段时间，但相比低谷期已经是一个极大的飞跃了。在剧团改名、加挂的过程中，上到文化部门管理者、下到剧团负责人、创作者、演员，都已经做好了复排山东梆子传统戏和创作新编戏的准备，也有意识地钻研山东梆子的老腔老调，在方言、演唱音区、音域、特色旋律、润腔等方面加以练习，力求恢复山东梆子最原始的样子。

进入新时期以后，山东梆子的新编戏也较之前有了较大的变化。究其原因，一是导演负责制，新戏基本都聘请戏曲导演进行专门编导；二是音乐多元化，根据编演剧目的特点进行音乐上的创新和突破；三是剧情富有时代感，编剧能够根据山东地方特色和新时期面临的新形势开展剧情创作；四是舞美更丰富，新编戏与传统戏相比颠覆性的改变就是舞台美术的多元运用，布景、灯光、音响配置充分结合了现代歌剧、舞剧、话剧等艺术表演形式，为这门古老的艺术提供了更丰富的展现空间。

山东省东阿县毕庄黄河险工段，有数千只大雁栖息于黄河河道　史奎华摄

五音戏《云翠仙》表演剧照　王鑫摄

五音戏：

今朝又见"樱桃"红

"乐者，天地之和也。"先贤将音乐视作天地和谐、社会秩序稳定的一种标准。《礼记》中说："宫为君，商为臣，角为民，徵为事，羽为物。五者不乱，则无怗懘之音矣。"中国传统音乐的五个音调，都有自己的象征意义。

"五音纷兮繁会，君欣欣兮乐康。"（出自《楚辞·九歌·东皇太一》）意思是说，五音纷杂而协调，能令人心情愉悦、健康安乐。明末清初，五音戏声起民间，因其贴近百姓，经过四百多年的传承发展，历经沧桑风雨之后，仍经久不衰。作为淄博最具代表性的地方剧种，它蕴含着浓郁的乡土气息，用的是百姓最熟悉的方言土语，以婉转妩媚的唱腔、朴实细腻的表演，诉说着一方百姓的情思。

丰厚的文化造就出一座城市的底蕴。只有文化沉淀的时光足够长久，才能收获到春华秋实的精彩。对于植根于乡土的五音戏而言，同样也是如此。

"北方越剧"的传奇之美

五音戏原名"肘鼓子"，也叫"周姑子"，最早在山东章丘和历城（现济南市章丘区、历城区）一带发源，后来逐渐传入济南、淄博、潍坊等地，形成东路、西路、北路等几个分支。如今，主要在淄博和章丘范围内传承。

五音戏的源头，是明朝时山东多地传唱的"秧歌腔"，据传是由明朝戏剧家李开先所创。五音戏最初是一种比较简单的民间小曲，广泛出现在劳动人民的生产生活中。随着时间的推移，这种小曲成了人们口中的"肘鼓子""周姑子"。关于这两个名字的由来，坊间有着各种各样的说法。所谓"肘鼓子"，据说是因为演员表演时会在肘部挎一个小鼓，边敲边唱，因而得名。

更具传奇色彩的是"周姑子"之说。据传说，明朝末年崇祯帝以身殉国以后，他的一位公主在战乱中不知去向。公主的周姓贴身宫女流落至章丘文祖镇，为了避祸，在当地的"慈恩庵"削发为尼。因为她是宫中人，有一定的艺术修养，便用自己会唱的小调与当地的"秧歌腔"结合，创出了一种全新的曲子。因为当地方言称呼尼姑为"姑子"，所以这种新式的小调就被称为"周姑子调"。也有另一种说法，说这个周姑子是清朝同治年间人，因为家道中落，做县官的父亲含冤而死，她不得不进入慈恩庵削发为尼。为了抒发内心的苦闷，她将自己的经历编成小调，在化缘时唱与平民百姓听，感动了很多人，周姑子调也就流传开来，并且吸引了很多人学唱，逐渐有了"走进青野庄，家家周姑子腔"的繁荣景象。

经过几代传唱之后，章丘青野村出了一位名叫赵国庆的艺人，他曾经游走四方，学过很多其他戏种的唱法。他尝试把这些戏曲元素融入到周姑子调的唱腔中，令这门艺术得到了新的发展。他的徒弟靳成章和靳成花，进一步丰富了演唱的内容，让周姑子调完成了由小调到戏剧的转变。他们两人组建了青野村第一个戏班，收徒教学，加速了周姑子戏开枝散叶的步伐。

最初的周姑子班社一般由五个人组成，只用锣鼓等打击乐器伴奏。20世纪初，周姑子戏逐渐成熟，戏班的规模也越来越壮大。唱腔方面，它吸收了京剧、昆腔等剧种的特色，形成了相对完善的板式与伴奏体系，剧目也更为丰富。《王小赶脚》《赵美蓉观灯》《王二姐思夫》《墙头记》《拐磨子》《彩楼记》《王定保借当》《王林休妻》《王婆说媒》《张四姐落凡》等，都成了传唱不息的经典剧目。

周姑子戏的主要板式有【悠板】【二不应】【鸡刨爪】和【散板】。

【悠板】唱腔是慢速度板头，为一板三眼，分【旦行悠板】和【生行悠板】两种；【二不应】唱腔又称为【流水板】，属一板一眼，节奏较快；【鸡刨爪】唱腔包括【非板】唱腔，也属于快节奏唱腔；【散板】唱腔节奏自由，不受板数的约束，伴奏服从演唱。此外，还有一些从其他戏种中引入的曲牌，比如【推倒船】【娃娃腔】【莲花落】【逗歌】【太平年】等。

表演时，演员一般是先吐字后行腔，以本嗓开始。旦角的尾音旋律延长，最后会用假嗓翻高，被称为"云遮月"。这种唱法，初听时不疾不徐，似乎平淡了一些，但越往后听越有华彩照人之处，非常婉转动听，极富感染力。与其他北方曲艺大开大合的粗犷风格相比，它有自己独特的韵味。这种委婉风韵，是其被称为"北方越剧"的主要原因。

一代宗师"鲜樱桃"

"周姑子戏"演变成今天的"五音戏"，得益于一代宗师"鲜樱桃"——邓洪山。

1905年，邓洪山生于济南历城华山镇坝子村。当时这个村中有不少地方戏名角儿，从早年的铁笛，到邓洪山的父亲邓九星，都是"周姑子戏"的名角儿。邓洪山的两个哥哥也唱戏，他自小耳濡目染，从七岁就开始学戏，八岁时就能与父亲合演《挡马》，九岁时已小有名气，被乡亲们称作"七岁红"。

"鲜樱桃"邓洪山先生年轻时照片

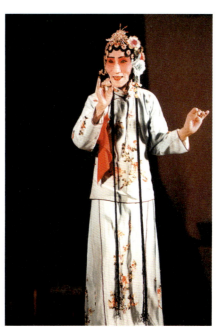

1985年，耄耋之年的邓洪山表演《王二姐思夫》

邓洪山曾拜靳成章、靳成花为师，学唱青衣、花旦。当时的戏剧演员，很多都有自己的艺名，比如他的同行前辈之中，便有"半碗蜜"高桂芳、"自来喜"王焕奎等。邓洪山十多岁时跟着父亲到济南小清河沿岸的黄台附近唱戏，得到了渔民和船工们的喜爱。有人为他起了个"鲜樱桃"的艺名，以形容其外形秀丽、风格清新。当年九月九千佛山庙会，他便以"鲜樱桃"之名演出，大获成功，一时间闻名济南城。

后来，邓洪山与明洪钧搭档组成了邓明社，名气也越来越大。著名京剧表演艺术家梅兰芳、程砚秋对其艺术造诣大加赞叹。梅兰芳先生曾表示，如果邓洪山出名在北京，那就会有"五大名旦"了。所谓英雄惜英雄，这些京剧大师们多方为邓洪山寻找人脉资源，将其介绍给了著名戏剧家马彦祥。而后，马彦祥牵线请邓洪山等人到上海去录制唱片。

1935年10月，邓洪山带着班社到上海百代公司录制了六张唱片。因为双方合作愉快，百代公司赠送给邓洪山一面"五音泰斗"的锦旗，扩大了五音戏的影响。至此，"五音戏"的名气逐渐响彻开来。

但旧中国的艺人，就算名气再大，社会地位也大都不高。像靳成章兄弟两人，都是在坎坷中不幸离世。新中国成立后，邓洪山着力改革五音戏，让其更能顺应时代的发展。他力主剔除了五音戏中的迷信、低俗等落后内容，整理改编出《王小赶脚》《换魂记》等优秀剧目，并请专家为之加上弦乐伴奏，让五音戏的艺术形式不断丰富。

1956年，我国第一个国营五音戏剧团——淄博市五音剧团成立，让五音戏发展进入了崭新的阶段。"鲜樱桃"邓洪山曾在1960年带团去北京演出，受到了周恩来、朱德、邓小平、李先念等党和国家领导人的接见。朱德委员长称赞五音戏"很有地方特色"。

在表演上，邓洪山独创的"飘眉""送目""飞老鸹"三大绝活儿，一直为戏迷所津津乐道。邓洪山直到八十岁时，依然能够登台献艺，其腔调韵味达到了炉火纯青的程度。他还为五音戏的发展和传承培养出了一批优秀的接班人，如霍俊萍、吕凤琴等。

霍俊萍曾经两度获得中国戏剧"梅花奖"。她不仅继承了师父邓洪山的表演技巧，还在艺术创作中融入自己的理念，实现了五音戏旦角唱腔的创新发展，形成了"霍派"演唱风格。她推动了五音戏的剧本、音乐、妆扮、灯光等多个方面的改革，比如将传统戏曲浓妆改为淡妆，引入交响乐伴奏，加入更为丰富的身段动作等。这都让五音戏更能适应现代题材，开创了表演的新天地。由她饰演的豆花、鲁丫等舞台形象，成为五音戏新的经典。

五音戏传承人霍俊萍演出旧照

霍俊萍在淄博市五音戏剧团主演五音戏《王小赶脚》 卢旭摄

五音戏《费姐》演出照

五音戏传承人吕凤琴演出《赵美蓉观灯》剧照　王亚太摄

吕凤琴是邓洪山的关门弟子。当她拜师时，邓洪山年事已高，但仍旧尽心尽力地倾囊相授。吕凤琴潜心研究多年，她的表演在保持五音戏原有的"酸、甜、美"的基础上，借鉴了现代发音方法，运用顿音、音高、节奏等润腔唱法来表达角色丰富的情感变化。凭借唱腔清晰、塑造人物生动等特色，她获得了中国戏剧"梅花奖""文华奖优秀表演奖"等奖项。

推陈出新见未来

五音戏在表演上"代有才人出"，在推广发展方面，五音戏同样成果丰硕。

1997年，淄博市五音剧团改名为淄博市五音戏剧院。2006年，五音戏被列入第一批国家级非物质文化遗产名录。2012年，淄博市专门成立了五音戏艺术传承保护中心，在理论研究、剧目创作、人才培养等方面不断推陈出新。各个方面的投入，都是为了更好地推动五音戏的传承发展。但拥有数百年传承的五音戏仍面临着很多问题。比如，除了淄博市五音戏剧院是专业剧团外，其余的剧团都是民间庄户剧团，没有自己的编创队伍。五音戏人才出现"断层"。此外，市场化水平不高，经营性演出减少，也限制了五音戏的发展。

越是艰难，越奋力向前，坚定不移地推动文化"两创"，是五音戏重新焕发青春最有效的手段。近年来，淄博市五音戏艺术传承保护中心通过不断探索，实施"五音戏+"珍稀独有剧种全生态传承创新工程。繁荣精品创作、夯实传承基础、拓宽传播途径、实施数字保护、聚力人才培养、推进剧种研究。从多个维度入手，淄博市五音戏艺术传承保护中心蹚出了一条推动珍稀独有戏曲剧种传承创新发展的新途径。

淄博市五音戏艺术传承保护中心将繁荣精品创作当作剧种发展之本，高度重视原创剧目创作，推动文艺创新。一部部经典剧目和创新作品使五音戏焕发新生机。一大批重新创编的传统剧目，如《墙头记》《姊妹易嫁》《云翠仙》《珊瑚》等"聊斋戏"，以及《豆花飘香》《大众长歌》《英雄铁山》《回》《源泉》《风起东郝峪》《追梦长歌》等现代戏，一经推出，便在学术界和国内演出市场引发巨大反响。

戏曲的传承"未来在孩子，基础在保护，重点在民间"。从延续性的角度考虑，要想夯实传承基础，就要从孩子抓起。随着五音戏进校园等"五进"活动的渐次推进，五音戏传承的活力进一步被激发。目前，淄博市半数以上的小学都已开设了五音戏教学课。此外，淄博市五音戏艺术传承保护中心还与中国戏曲学院、山东理工大学、青岛大学、济南大学、山东政法学院等多所高校联合，建立大学生社会实践基地，开辟了"五音戏进校园"的新途径。

淄博还通过建设"鲜樱桃"纪念馆、举办五音戏艺术节、组织五音戏全国巡演、拍摄五音戏形象宣传片和戏曲微电影等活动，让五音戏走出淄博、走向全国。还通过记录五音戏口述史、拍摄五音戏音配像、建立五音戏数据库、开设五音戏多媒体宣传平台等手段，对五音戏进行了数字化保护。

在一系列政策制度和实践行动的联动下，一个全方位、多维度的五音戏传承、保护、发展体系呈现在公众视野，成为传承优秀传统文化，提升文化创造力，塑造城市品牌的优秀范本。

余韵未歇，未来可期。在新时代的筑梦旅途上，五音戏必将在守望中传承，在传承中创新，在创新中发展，成为齐都上空那张弦歌不辍的文化名片，让这簇"红樱桃"永远鲜艳。

黄河山东淄博段出现流凌景观　初宝瑞摄

聊斋

聊斋俚曲：
古道不应遂泯没

　　"一花一世界，一叶一菩提。"在世人看来，他始终没有走出功名的围城，踯躅于碌碌无为的郁郁寡欢中。但在另一个空间里，他跳出三界五行，独步千秋万载，以超尘脱俗的笔触，书写悲天悯人的道理，在一间小小书房里，开辟出一片浩瀚的宇宙。

　　这间书房，叫作"聊斋"。它当年的主人蒲松龄，在这里著就了一部具有极高的文学价值和人文内涵的文言短篇小说集《聊斋志异》。除此之外，他还为当地百姓留下了一套集明清俗曲和多种民间艺术形式之所长，饱含人情世故和道德伦理的文化艺术瑰宝——聊斋俚曲。

聊斋"空谈"出传奇

　　蒲松龄降生于淄川的时候，大明气数将尽，他的家道亦已没落。据说，他母亲临盆前见到一个衣衫褴褛的游僧走进房门，随后不见。僧人身上贴着一块膏药，而出生后的蒲松龄竟然在相同位置长了一块形状类似的胎记。这段僧人投胎的传说，似乎为他潦倒又奇幻的一生，奠定了基调。

　　少年时的蒲松龄天资聪颖、才思敏捷。弱冠之前，他衣食无忧、顺风顺水，

蒲松龄画像　视觉中国供图

以县、道、府三级考试均为第一的成绩考取了秀才，因才华出众而得到当时的诗文大家施闰章的赏识。然而，在省里的考试中他却屡屡折戟沉沙，前后考了不下十次，耗费了半生光阴却一无所获，直到71岁才得了个"贡生"的功名。75岁时，蒲松龄在故居聊斋"倚窗危坐而卒"。

蒲松龄并非一个热衷于壮游天下的人。除了短暂地到外地担任官员幕僚之外，他主要是在家乡担任塾师补贴家用。由于家中人口众多，他常常面临衣食短缺的窘境。但在一间"仅容膝"的小书房"聊斋"中，蒲松龄却拥有着一个跟现实生活截然不同的、自得其乐的世界。"短榻信抽引睡书"，他将道听途说的故事以及前人记录的传奇熔于一炉，写出了永垂史册的经典作品。

很多人建议蒲松龄多将精力用在科举上。比如他的至交张笃庆，就曾经规劝过他："此后还期俱努力，聊斋且莫竞谈空！"然而，蒲松龄还是放不下对这些"空谈"的热爱。六十岁以后，他在一首《拙叟行》里写道"我自有故步，无须羡邯郸"，并表示"古道不应遂泯没"，表达了自己不愿随波逐流的高洁志向。

除了"谈鬼说狐"的《聊斋志异》，蒲松龄亦热衷于创作唱本，并配以淄川当地广泛流传的俗曲时调，形成了一种独特的音乐体裁，后人称之为"聊斋俚曲"或"蒲松龄俚

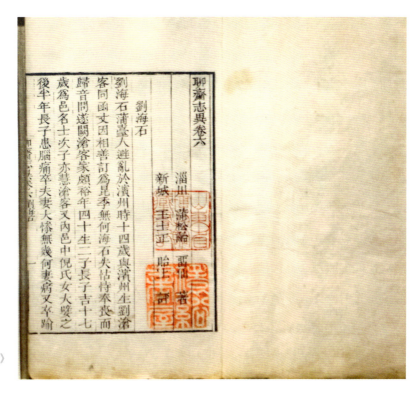

山东博物馆馆藏的《聊斋志异》
视觉中国供图

曲"。当时，山东很多地方民间曲艺飞速发展。蒲松龄就曾经亲笔记录过这一盛况："一曲一年一遭换，【银纽丝】才丢下，后来兴起【打枣杆】【锁南枝】，半揾【罗江怨】，又兴起【正德】【耍孩儿】，异样新鲜。"

年轻时蒲松龄写的俚曲不多，到了老年才将更多精力投注于此。那时的他，对人生伦理、世间万象的洞察更加深透，用笔着墨也日益散淡自然。至于蒲松龄创作俚曲的动机，后人认为是由于《聊斋志异》固然文辞华美、情节跌宕，但对于普通百姓而言显得过于高深，而聊斋俚曲则是用方言土话，为乡亲百姓所写的作品，能让那些懵懂无知的百姓参悟人生的道理，从而引领乡风民俗向好向善发展。

从此，蒲松龄的笔下又多出了一个喧腾热闹的喜剧世界。这是与《聊斋志异》既有关联又有区别的另一个时空，比如书生张鸿渐，曾经在《聊斋志异》中出现，也曾在聊斋俚曲中多次现身。当然，俚曲中更多的情节，不是书生狐妖柔情缱绻的纠缠，而是家长里短、锅碗瓢盆的碰撞，更具烟火气息。

终其一生，蒲松龄写就了十几部俚曲作品，包括《姑妇曲》《慈悲曲》《翻魇殃》《寒森曲》《蓬莱宴》《俊夜叉》《快曲》《丑俊巴》《富贵神仙》《增补幸云曲》《墙头记》《禳妒咒》《磨难曲》《穷汉词》《琴瑟乐曲》等。这其中，《丑俊巴》没有完成，而《富贵神仙》与《磨难曲》内容相同，都是根据聊斋志异中张鸿渐的故事改编的，所以也有说法认为，这两部作品可以视作一种，总数应为十四部。但近年来较多的学术观点认为，《富贵神仙》是一部以说唱为主的曲艺作品，而《磨难曲》是一部融合了角色和动作的戏剧文本，其用处是有区别的，可以视作互相独立的作品。所以，蒲松龄的俚曲作品数量，最终应为十五部。

蒲松龄一生见识广博，对于艺术、农学甚至医卜星象都有涉猎和研究。然而因为始终隐身桑梓，外界并不知名。后来经由文坛领袖王士祯等人的推介，《聊斋志异》总算得以刊行，一时间闻名天下，然而此时蒲松龄已不在人世。面向百姓阶层的聊斋俚曲，很难得到文人阶层的推重，因此仍是籍籍无名，只在当地民间扎下根来。

后来由于时局动荡，蒲松龄的手稿大部分散佚。《聊斋志异》的手稿也不得不一分为二，由其后人分别保管，更不用说聊斋俚曲的手迹，根本无从寻觅。后来，著名学者路大荒尽力寻找聊斋俚曲的手抄本，总算有所收获。近年来，又有关德栋、邹宗良等不少研究者发掘补缀，蒲松龄的聊斋俚曲才得以重回文学艺术界。

任意挥洒见才气

聊斋俚曲中多有经典之作，为其他民间艺术提供了丰富的养分。如《墙头记》，山东梆子、茂腔以及吕剧都有对其改编的曲目，甚至外省的秦腔和黄梅戏中，也有相应的改编剧目。

《墙头记》的故事讲述年老的张木匠由儿子大乖、二乖轮流赡养，但两个不孝子嫌父亲年迈无用，将其视为负担，由于大小月不平均等缘故产生矛盾。大乖无情往外撵，二乖关门拒绝进。张木匠最终被大乖架到二乖院墙头上，孤苦无依。王银匠路见不平，放出风说张木匠存有私房钱，引得两个贪婪的儿子为遗产而争养老父，使张木匠安逸度过了人生的最后阶段。这部俚曲写尽了旧时"老来难"的世态炎凉，语言明白晓畅、辛辣有力。比如这段唱词：

　　【耍孩儿】他原是敬财神，不是为孝父亲，受了孝养心还恨。但我合他是父子，哄着他朝夕尽殷勤，情上理上俱不顺。讨愧处三年尽孝，临作别并无分文。

聊斋俚曲戏表演剧照　淄博市文旅局供图

　　聊斋俚曲的唱词并无太多文辞上的夸饰，但却能字字句句唱进听众的心里。除了这种描写现实家庭伦理的作品之外，蒲松龄创作的其他俚曲中，更有许多大开大合的情节。既然仅仅是"一场戏"，何不写个痛快，闹个彻底？于是我们看到了在其他剧作中少见的那种酣畅淋漓的表达，鞭辟入里的挞伐。比如《寒森曲》中的商家兄妹，为了争一口气，居然一直把官司打到了阎罗殿。并且怒骂阎王"地狱竟有善人藏，恶人反在金榜上。把一个花花世界直弄得日月无光！"在《增补幸云曲》中，又借着云魔女之口，批判玩世不恭的正德皇帝"即读孔孟诗书字，不达周公礼半篇"。无论是神魔还是帝王，只要是有悖于天理人伦，都会被当作靶子，尽情批判。而对于真善美的一面，他也极尽夸赞，热情地讴歌了张鸿渐、三山大王、仇大娘等古道热肠、抱打不平的仁侠之士。这体现了蒲松龄在历尽生活的波折磨难之后，仍始终坚持的向善的价值观以及更加鲜明深刻的思想体悟。

　　从艺术技法上看，聊斋俚曲之所以能被其他多个曲种拿来改编，很大程度上得益于其无出其右的文学表达力。一方面，聊斋俚曲中的主要语言是白话文和方言，甚至还有歇后语和俏皮话，十分活泼灵动。且在念白唱词中，随处可见高明的修辞手法，比如《穷汉词》里的一段叠字排比就十分精彩："掂量着你沉沉的，端相着你俊俊的，捞着你亲亲的，捞不着你窨窨的，望着你影儿殷殷的，想杀我了晕晕的，盼杀我了昏昏的。"这种大胆的表白，具有相当强的艺术感染力。

在曲牌应用上，聊斋俚曲可谓信手拈来，灵活丰富。十五部作品中涉及的各类曲牌超过50种。其中有七字句、十字句的【耍孩儿】【劈破玉】等，也有长短句的曲牌如【银纽丝】【叠断桥】等等。为了生动表达情感，蒲松龄会巧妙地设计情节，运用有针对性的曲牌，展现主角睹物伤怀的情绪。比如《磨难曲》的第十二回《闲唱思家》一段中，主角张鸿渐因为流落在外，借着唱小曲来表达思乡之情，此时便用了一曲【玉娥郎】，以连续十二个月的风景为唱词，辅以节奏舒缓、字少腔长的唱腔，充分表现出其悲戚不能自已的情感。

而在整体架构上，聊斋俚曲是基于"套曲"的基本结构样式。蒲松龄根据故事情节需要，采取了"单曲叠唱""杂曲联套""主联套""连环套""十样锦""南北合套"等组织形式，一方面使节奏变化多样、情感跌宕起伏，可以容纳多个角色和复杂的情节；另一方面，也增强了曲子的通俗性，易于文化水平不高的艺人们记录传唱。可以说，聊斋俚曲以其独特的思想性和艺术性，把明清俗曲的创作水平和艺术水准推到了一个新的高度。

柳泉故里俚曲传

俚曲传承人和研究者们从感受聊斋俚曲的文字神韵，到复原其具体的音韵，着实费了一番功夫。

所有的俚曲曲牌，都未曾见有乐谱存世，聊斋俚曲也是如此。在所有的五十多种曲牌中，仅有十余种通过民间艺人的传唱流传下了曲调。但究竟是否准确权威，也难以认定。为此，相关专家们对聊斋俚曲曲牌的曲调进行了多方面地发掘和研究。淄博音乐研究学者陈玉琛先生经过长期研究考证，整理出了其中42个曲牌的59首曲谱，得到了学术界的肯定。也让我们较为完整地领略到这一宝贵文化遗产的艺术魅力。

20世纪60年代开始，伴随我国民乐研究的逐渐深入，聊斋俚曲中不少曲目得以登上舞台，甚至远赴海外演出，广受好评。2006年，聊斋俚曲入选第一批国家级非物质文化遗产名录后，聊斋俚曲的保护传承工作进入了新的阶段。2008年7月，淄川区聊斋俚曲艺术团成立，成为淄博市第一个以保护、传承、弘扬聊斋俚曲为宗旨的民间剧团。陈倩、杨道坤等老艺

蒲松龄第十一世孙、聊斋俚曲国家级非遗传承人蒲章俊在
表演聊斋俚曲　孙丽莉供图

人，多次去蒲家庄等相关地区走访采风，收集第一手的资料，为聊斋俚曲的保护传承找寻素材和依据。另外，剧团的其他成员在研究和论证俚曲艺术特色的基础上，还研制出了专门为聊斋俚曲戏伴奏的主奏乐器——俚胡。

近年来，各艺术团体不仅整理发掘既有的聊斋俚曲资料进行排演，更与时俱进地植入时代题材，创作出新的聊斋俚曲戏剧，取得了很好的效果。比如以道德模范田象霞事迹为题材创作的《磨剪子唻抢菜刀》，还有为焦裕禄百年诞辰献礼的《别母》，都让聊斋俚曲的悠悠古韵有了全新的律动。这些作品的题材与曹雪芹创作俚曲来劝人向善、启育民风的初衷是一脉相承的。

如今，在淄川区洪山镇蒲家村，常常可以见到一位满头银发的老人，为外来的客人演唱聊斋俚曲。他就是蒲松龄第十一世孙、聊斋俚曲的国家级非物质文化遗产传承人蒲章俊先生。尽管已经年近八旬，但他依然身体力行地为聊斋俚曲的宣传推广做着贡献。他说："希望聊斋俚曲越来越火，不要局限于小圈子里面，要在国内遍地开花，有希望也要走出国门。"

三百多年前，蒲松龄曾经在诗中写道"古道不应遂泯没，自有知己与我同咸酸"。传唱了数百年的俚曲，正在成为聊斋文化中越来越重要的组成部分。蒲松龄留下的那些精彩故事和美妙乐章，正吸引着越来越多的知音聆听。

黄河入海口的黄蓝交汇景观　张闻兵、李金镜摄

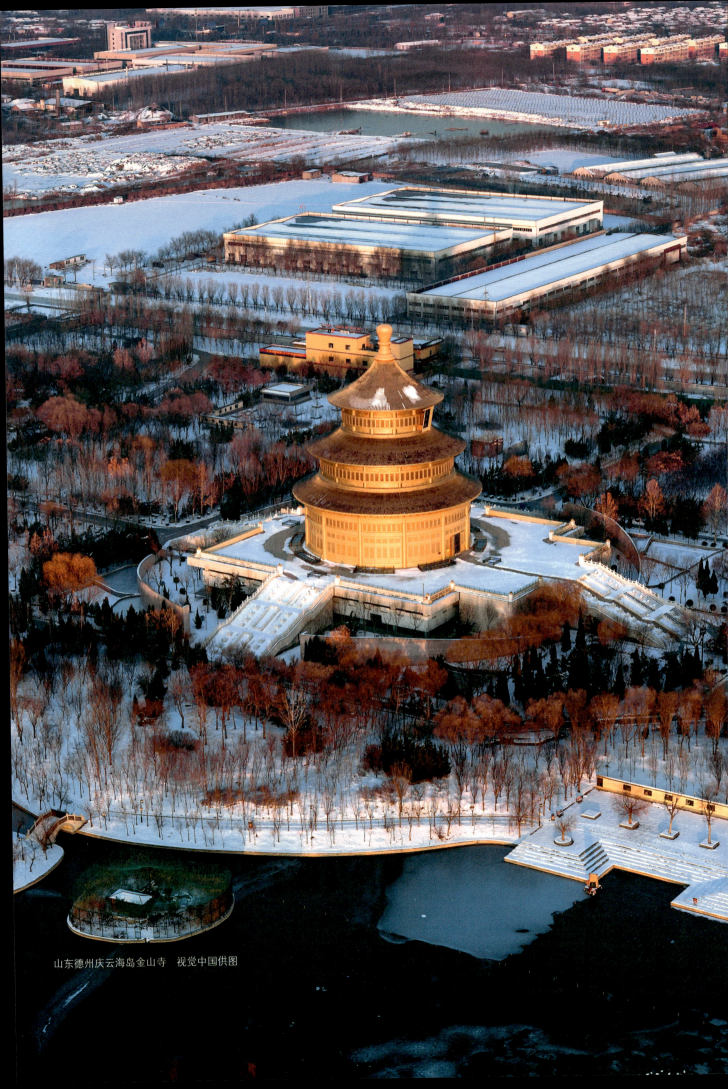

山东德州庆云海岛金山寺　视觉中国供图

一勾勾：

魂牵梦绕一讴吼

"牛马因风远，鸡豚过社稀。黄昏林下路，鼓笛赛神归。"在诗作《春村》中，白居易用寥寥几笔，描绘出一幅农家生活的风情画。这绵延于历史长卷中的诗情画意，也藏着人们对田园故乡无法割舍的万缕情丝。诗中祭神赶会的喧闹声响，今天读来，仿佛尚有余音。

就像鲁迅先生永远怀念着儿时看过的社戏一样，在鲁西北的很多村落里，也有一种唱腔独特的小戏让当地人念念不忘。"听见一勾勾唱，饼子贴在门框上"，说的就是这种极富生活气息和地方特色的民间艺术瑰宝——一勾勾。这句词生动形容出一勾勾的唱腔像钩子一样，能把人的神魂勾住，足以见得人们对它的喜爱与痴迷。作为第一批国家级非物质文化遗产项目，这个珍稀的剧种，正在经历着新的嬗变和发展。

花鼓、民歌孕育"一勾勾"

一勾勾戏是曾经流传于临邑、济阳、夏津、高唐一带的地方小戏，有大约两百年的发展历史。它源自民间歌舞打花鼓，唱词运用鲁北一带方言土语，曲调结合了花鼓与鲁西北一带的民歌小调，在当地曾有很高的人气，经历过相当长的一段辉煌期。

关于一勾勾的起源，以表演形式而论，一说是由高唐鼓子秧歌发展而来；一说是由鲁西南的两夹弦剧种传到鲁西北后形成的；另有说是来自聊城花鼓；还有说是来源于聊城、菏泽一带的歌舞"花鼓丁香"。其实这四种说法实无大的差异：聊城花鼓、两夹弦、花鼓丁香都属花鼓系统，聊城花鼓是山东花鼓中的北路花鼓，花鼓丁香属南路花鼓，两夹弦是由花鼓丁香发展而来的一个剧种，而北路花鼓是由南路花鼓传入后演变形成的。至于高唐鼓子秧歌，从《中国戏曲集成》中所记载的表演形式上看，其实就是聊城花鼓，而非"秧歌"。因此可以说，一勾勾源于南路花鼓，脱胎于高唐花鼓。据多方考证，其形成时间应不晚于清代中期。

花鼓丁香、两夹弦、聊城花鼓等虽同属花鼓系统，但是曲调来源却不同，这与它们各自具体流传地的民间音乐基础关系密切。一勾勾曲调与两夹弦或者四平调的曲调相关之处甚少，据说来源于临邑当地的一种民间小唱"一姑讴"，另有一说是小唱"一讴吼"，后来由于发音近似，逐渐被叫成了一勾勾。

至于"一姑讴"或"一讴吼"到底是什么样的曲调，我们很难亲耳听到了，但是它们名字中都带有一个"讴"字，这说明"讴"的发声方式的确是一勾勾的特色。实际上"讴"这种唱法在北方的梆子腔如山东梆子、莱芜梆子、枣梆等剧种中大量存在，是一种真假声转换时，借助向下压喉的反作用力到达高音点的唱法。

结合表演形式与曲调发声两方面的说法，可以得出结论，一勾勾来源于高唐花鼓和临邑当地的民歌小唱"一姑讴"。

纵观一勾勾的发展脉络，可以看到它经历了一个长期酝酿的过程。山东花鼓，是明代安徽花鼓流入山东后形成的，最初的表演形式为一生一旦。旦角多由男演员扮演，"男挎花鼓女顶绣球"，二人边敲边唱边舞，一人饰多角，所唱曲调为各种民歌小调，说唱性较强。后来，演员规模发展至七八人，角色相对固定化，乐器从仅有一架花鼓增加到七八种之多，所演唱的曲目也由原来的单支小调发展到联曲体，为最终形成戏曲创造了条件。

清代时，花鼓戏已由"地摊儿"搬上舞台，甚至与昆曲同台演出。清道光年间，聊城、夏津的花鼓艺人将四弦用作伴奏乐器，一勾勾也逐渐有了自己的风格特色。民国初年，花鼓被弃用。一勾勾成为戏曲以后，在相当长的时期内是以业余班社的形式存在，由于演员们白天在农村帮工、锄草，晚间演戏，因此被称为"锄草班"。

万人空巷看"好戏"

　　早期的戏班，大多为职业或半职业性质，由当地有一定名气的艺人组班，招徒传艺演出，遍布各村的无名小戏班不可计数。传承方式主要有以下几种：一是群体式学习，无固定老师，由当地村民口口相传，教得唱得都比较随意；二是外地师傅进村教戏，但受时间和场地限制，不会教得太详尽；三是家族式传承，这种学习方式最为便利，艺人从小生活于戏曲之家，耳濡目染下自然就学会了很多东西。如东平艺人张秀兰，艺名"半碗蜜"，其父张振朝、叔父张振邦都是四弦戏（一勾勾在聊城一带被称为四弦戏）艺人。张秀兰受家庭的影响，从小就喜欢唱戏，并在6岁时被父亲送到东昌府四弦戏班，拜旦角演员董长路为师。张秀兰的丈夫孙树森早年唱梆子戏，后来改唱四弦戏。他们的儿子孙庆江也是自幼便在父母影响下学习四弦戏，后来进入剧团成为专业演员。这就是典型的家族式传承。

　　这些民间戏班的传承特点是运用方言土语，依靠口传心授。由于当时艺人们的文化水平普遍不高，很少有人认字，更不识谱，传授形式往往是师父一句一句地教，学生一句一句地

一勾勾舞台表演剧照　德州市文旅局供图

学。这种传授方式的缺点是没有理论基础，完全依赖老师的示范，但优势是学生能够在面对面的句句跟唱中，模仿老师唱腔的细节和发声吐字的技巧，甚至模仿老师的表情动作、气息运用规律等，从而更好体悟唱词中的情感与韵味。更主要的是还能跟老师学到一些即兴表演的技巧，这些都是单纯乐谱教学所不能达到的。

20世纪50年代初，禹城县杨官营村的张志杰、张洪学与齐河县麦坡口村的焦连坤等人在临邑组织了一个业余一勾勾剧团。1955年，剧团代表临邑县参加了山东省业余戏曲会演。1957年又以"临邑县一勾勾剧团"的名号在济南振成剧院演出，获得好评，引起了有关部门重视。1959年，临邑县一勾勾剧团正式命名成立，这也是唯一一个一勾勾专业剧团。在剧团存在的12年间，不断创新剧目和表演形式，对一勾勾的发展起到了很大的推动作用。

首先，剧团移植了其他剧种的十几个剧目，使演出场次大大增加。1962年至1965年间，剧团平均每年的收入可达五万元，是德州地区收入最好的剧团；其次，开始有了剧本、谱本，演唱能定谱、定腔，有专人设计唱腔；另外，在板式和曲牌上，广泛借鉴京剧、河北梆子、吕剧、豫剧等大剧种，新创了【流水板】【散板】【紧拉慢唱】等板式，曲牌则借鉴河北梆子和民间鼓吹乐；在舞台表演上，吸收京剧的表演身段，聘请京剧团的闫海清、贺笑影等演员担任文武功指导教师，聘请电影演员崔文顺担任导演，使一勾勾的舞台表演逐步正规化。据记载，当时剧团的演出区域南至临沂，东至胶县，北至河北沧州，西南至寿张，活跃在淄博、泰安、惠民、广饶、垦利等多地，产生了较大的影响。

1971年，临邑县一勾勾剧团与临邑县河北梆子剧团合并成立了临邑县京剧团，至此，国内唯一的一勾勾专业剧团退出了历史舞台。之后，一勾勾又以业余班社形式继续在民间发展。历经了数十年的沉浮之后，随着老一辈艺人逐渐老去，演出市场不断缩小，这一剧种一度面临传承断代的危机。2006年，一勾勾被确定为第一批国家级非物质文化遗产项目，开启了新的发展阶段。

"一勾勾"演唱有绝活

一勾勾的传承难在何处？原因是多方面的。从音乐本身来看，虽然它属于小戏种，但要演好唱精也当真不容易。

一勾勾是板腔体剧种，基本腔调是平唱，板式有【慢板】【原板】【流水板】【散板】【尖板】【紧拉慢唱】几种，其中【流水板】【散板】【尖板】【紧拉慢唱】几种板式为成立专业剧团后音乐工作者所新创。【流水板】是起于眼落于板，【慢板】与【原板】两种板式都是板起眼落。一勾勾的板式连接一般遵循【尖板】—【慢板】—【原板】—【散板】的顺序。除基本腔调外，一勾勾还有【娃娃】【反调娃娃】【山坡羊】等俗曲曲牌及民歌小调两类辅助腔调，但使用不及基本腔调多。

一勾勾唱词基本句式为七字句、十字句，变化句式多为增加衬字。一般在开头几句字数比较规整，中间段落比较自由。构成乐段的上下两句可以对称，也可不对称。其调式绝大多数为宫调式，所用音阶以五声为主，六声时以加变宫的六声居多，用清角时多是转调。

一勾勾的伴奏乐器中比较有特色的是四弦和板胡。四弦由四根弦构成，弓毛分成两股，分别夹在一弦与二弦、三弦与四弦之间，一弦与三弦同音高，二弦与四弦同音高，拉奏时无论拉里弦还是外弦都是两条弦同时鸣响。在文场演出中，四弦是最基本的乐器，要从头至尾跟着演员的唱腔走旋律，起到托腔保调的作用。在用板胡演奏时，乐手会刻意加大左手的压弦力度和上下滑音的幅度，使其发音严重偏高，甚至听起来像跑调，但是这恰恰是一勾勾的

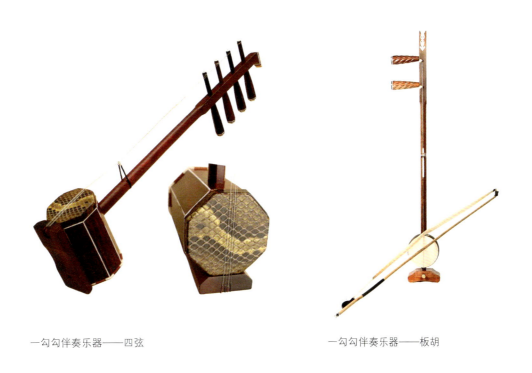

一勾勾伴奏乐器——四弦　　　　　　　　　　　　一勾勾伴奏乐器——板胡

特色之所在。彰显出了这门艺术的"野""土"之味。

一勾勾的演唱也是颇有特色，几乎每一个乐句都由两部分组成，前半部分是实词，后半部分是由"哎""呀""哎嗨"等衬词组成的虚词。实词部分旋律比较平稳，字多腔少，具有念诵性特点；虚词部分音高翻高七度或八度，字少腔多，比较抒情。在演唱上，实词部分都用真声唱出，特别强调咬字的"实"，力求把唱词意思清晰准确地传达给听众，风格朴拙、平实；句尾的衬词部分则用假声唱出，追求音色的亮、空、飘，风格华丽、细腻。为了突出真假声的对比，有时演唱者还会把实音的最后一个音再降低几度，来增加音程跨度，使得实音后的高音猛然翻上去，犹如一根钢丝忽地被甩上天空，让人的精神为之一震。这种真假声的自如转换和两种音色的鲜明对比，使唱腔具有夸张的、极具动态的美感。真假声过渡时还往往会带出喉音，像是吸气时"讴"声，在男腔中尤其明显。正因为一勾勾的这个特点，对演员的嗓音有着特殊的要求，过于圆润、甜美的嗓音往往不适合，反而是音质敦实、宽厚的嗓音最能唱出一勾勾独特的味道。像"花旦"龙传英、"青衣"宋玉珍、"三花脸"杨富元等演员，他们的嗓音都是既有坚实的真声又兼有高亢的假音，在真假声转换时"勾勾呼呼"、轻重回逗、如噎如吐的唱腔非常的引人入胜。

古韵亦可悦今人

在一勾勾成为国家级非遗项目之前，这个独特的戏种面临传承断代的风险。由于传承链条的断裂，以及缺乏经典唱段，一勾勾发展后继无人的现象非常突出。

2006年5月，一勾勾被国务院公布为国家级非物质文化遗产后，德州临邑师范学校随即成立了临邑县一勾勾研究传播中心。同年8月份开始进行集训，邀请原一勾勾剧团的演员龙传英、杨富元和伴奏师徐东清指导排练经典戏曲剧目。随后，在"戏曲进校园"活动的推动下，一勾勾尝试在临邑县的一些学校开展教学普及活动。

在学校传承方面做得最为突出的是德州学院音乐学院。通过多年的探索，德州学院音乐学院创建了以学校为主导，艺人为中心，学生为主体，灵活多变的形式为载体，科研与教学并举的一勾勾高校传承模式，取得了较好的成效。音乐学院成立了德州地域音乐研究中心，下设一勾勾研究所作为专门机构。研究所的10余位教师会定期组织采风和研讨等活动。另外

原临邑一勾勾剧团演员龙传英（左图）、邝书云（右图）
辅导德州学院一勾勾剧团学生　德州学院音乐学院供图

还通过开设选修课、请老艺人进学校指导等方式，从理论和实践两方面强化对一勾勾艺术的传承。

在社会层面，对一勾勾的保护力度也在不断加强。2008年，临邑县组织原一勾勾剧团的部分老艺人在该县文化馆成立了一勾勾戏曲联谊会，2014年，成立了一勾勾传习所，先后复排了传统剧目《王小赶脚》《墙头记》《姊妹易嫁》《胡林抢亲》等。2017年，在临邑兴隆镇成立了一勾勾戏曲传承艺术中心，从基层组织建设上保障一勾勾在民间的传承和发展。

经过长期培育，一勾勾传承成果逐渐显现。2023年，一勾勾现代剧《庆丰收》荣获德州市庄户剧团展演一等奖，登上《我的"村晚"我的年》舞台。很多新编曲目如《刘胡兰》《红梅》《祖国前景好》《为民》等，在社区村居大舞台上唱响。如今的一勾勾演出，经常分为中老年和青年两组，在年龄结构上形成梯队，以老带新，谋求更长远的发展。

随着多种媒体形式的共同推进和"非遗+""小戏+"等一些新思维方式的结合创新推广，一勾勾在乡村文化振兴建设、新时代文明实践工作等方面焕发出了新的风采，小戏有了大舞台，这朵曾经盛开于运河沿岸的民间音乐之花，又在春风雨露中悄然绽放了起来。

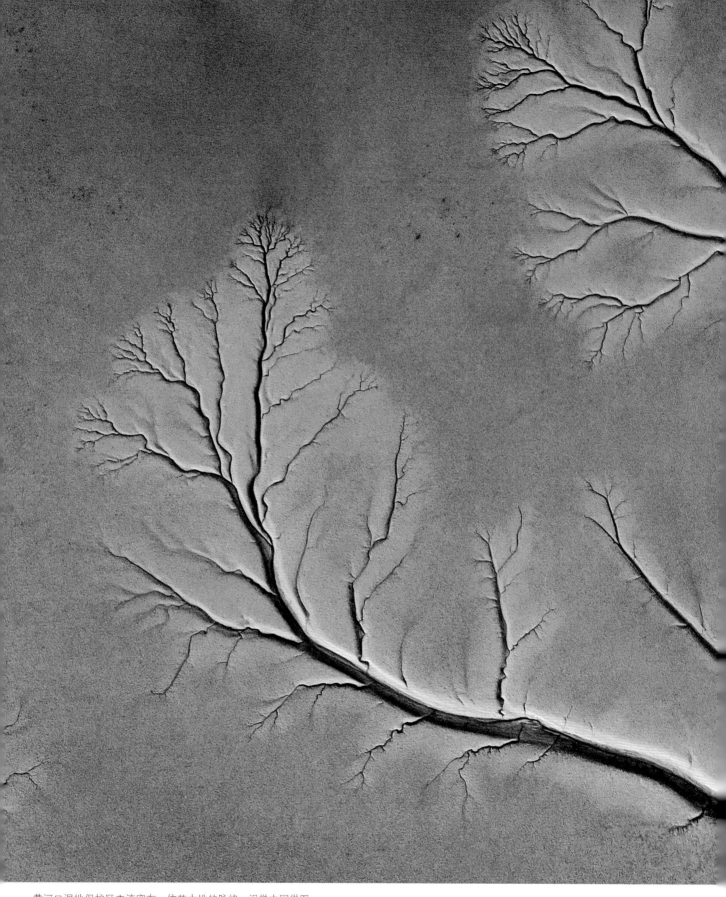

黄河口湿地保护区支流密布，仿若大地的脉络　视觉中国供图

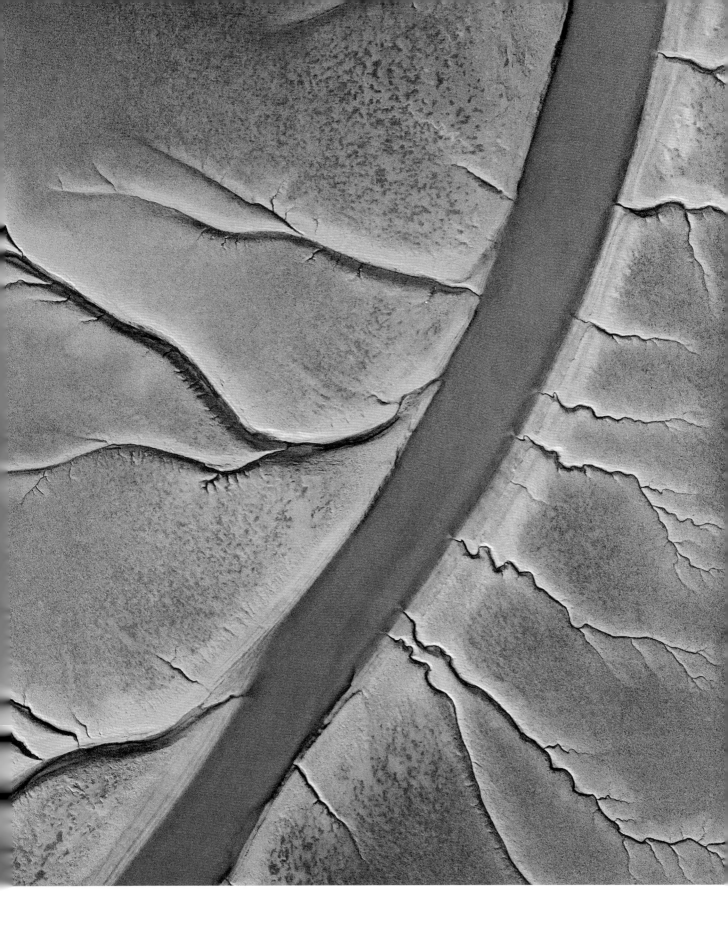

参考文献

1.乔建中：《黄河之声天上来——黄河流域民间音乐巡礼》，中央音乐学院出版社，2016年。

2.马建春：《多元视域中的河湟：族群互动、文化认同与地缘关系》，社会科学文献出版社，2013年。

3.李文实：《"花儿"与〈诗经·国风〉》，《青海民族学院学报》，1980年第4期。

4.滕晓天，杨生顺：《青海花儿·传承新探理论篇》，青海人民出版社，2016年。

5.吉狄马加，赵宗福：《青海花儿大典》，青海人民出版社，2010年。

6.罗成：《论青海古代民歌的渊源》，《群文天地》，2011年第3期。

7.赵生琛，谢端琚，赵信：《青海古代文化》，青海人民出版社，1986年。

8.吕霞，滕晓天：《城镇化进程中花儿的保护与传承》，青海人民出版社，2016年。

9.屈文焜：《花儿美论》（增订本），宁夏人民出版社，2009年。

10.王沛：《中国花儿曲令全集》，甘肃人民出版社，2007年。

11.王正强：《兰州鼓子研究》，甘肃人民出版社，1987年。

12.张发：《漫瀚调传承与发展》，内蒙古大学出版社，2013年。

13.李建军：《漫瀚调的文化交融性研究》，文化艺术出版社，2021年。

14.杜荣芳：《漫瀚调艺术研究》，内蒙古人民出版社，2006年。

15.杜梓：《鄂尔多斯民歌经典》，内蒙古大学出版社，2001年。

16.何志刚：《摭谈榆林小曲》，榆林日报，2018年。

17.张文明：《非遗保护视野下的山东梆子研究》，齐鲁书社，2017年。

18.李碧赵，纪根垠：《山东地方戏曲剧种史料汇编》，山东人民出版社，1983年。

19.马永：《山东梆子研究》，中国戏剧出版社，2010年。

20.陈素真：《情系舞台——陈素真回忆录》，中国人民政治协商会议河南省委员会文史资料委员会，1991年。

21.李汉飞：《中国戏曲剧种手册》，中国戏剧出版社，1987年。

22.谭源材：《山东艺术发展研究》，中国广播电视出版社，1992年。

23.顾卫临：《可喜的第一步——山东省剧团体制改革采访记》，《瞭望周刊》，1986年第47期。

24.薛若琳：《梆声四部绕梁来》，《中国戏剧》，2014年第11期。

25.袁静芳：《中国传统音乐概论》，上海音乐出版社，2000年。

26.《中国民歌集成·青海卷》编辑委员会：《中国民歌集成·青海卷》，中国ISBN中心，2000年。

27.《中国戏曲志》编辑委员会：《中国戏曲志·山东卷》，中国ISBN中心，1994年。

28.《中国曲艺音乐集成·山东卷》编辑委员会：《中国曲艺音乐集成·山东卷》，中国ISBN中心，1998年。

后　记

黄河流域民乐是一个体量巨大、内涵丰富的选题，要在一本书中予以系统呈现，难度颇高。幸而在所有参与同仁的共同努力下，终于如期付梓，在此深表谢意，并将各篇的撰稿者公布如下。

第一章《河湟花儿：唱与天地的"大情歌"》苏娟；《青海平弦：刚柔交错总关情》关越；《藏族民歌：云逸天外　风行山中》童渭清；《兰州鼓子：刚柔并济的河边回响》张刚；《通渭小曲：道道山梁歌声响》张刚；《宁夏回族民间器乐：听古风吹在原野》牧笛；《漫瀚调：黄河"几"曾见，歌遍塞上江南》史永清；《蒙古族长短调：驰骋的音符不停步》牛智勇；《马头琴音乐：声闻草原的流响》曹叶军。

第二章《榆林小曲：最是乡音解乡愁》梁会作；《陕北民歌：声声唱在人"心坎坎"上》李琦；《陕北秧歌：看见万物向阳而生》杜长芬；《西安鼓乐：传袭千年的唐风雅韵》职茵；《绛州鼓乐：表里山河　豪情怒放》含烟；《蒲州梆子：华彩流光的河东之音》含烟；《上党八音会：山河共振的慷慨高歌》晏成章。

第三章《黄河号子：生命的礼赞　勇气的壮歌》杜清扬；《河洛大鼓：声动中原　春满洛城》白露；《河南坠子：一梦繁华贯古今》杜清扬；《山东鼓吹乐：悲欣交集一曲间》张振；《山东古筝乐：汉宫秋月照到今》胡炳阳；《山东琴书：清曲聚情思　巧语劝人方》王东涛；《柳子戏：东柳吐翠　古韵新声》李康宁；《山东梆子：一声响历尽百年秋》张斌；《五音戏：今朝又见"樱桃"红》张晓光；《聊斋俚曲：古道不应遂泯没》芣苢；《一勾勾：魂牵梦绕一讴吼》李德敬。

在成稿过程中，难免有疏漏之处，还请各位读者批评指正。

编　者

2024年3月

出版说明

　　山东是黄河流域唯一的沿海省份、黄河流域最便捷的出海口，因此被赋予"发挥山东半岛城市群龙头作用，推动沿黄地区中心城市及城市群高质量发展"的国之重任。由此也可见山东在新时代黄河流域生态保护和高质量发展战略中举足轻重的地位。

　　为认真贯彻落实好习近平总书记关于中华优秀传统文化"两创"的重要指示精神和对山东"三个走在前"的重要指示要求，充分发挥出版界的内容资源、作者资源、品牌资源优势，以精品力作书写新时代黄河精神，使读者能够从历史和专题的角度，生动立体地来认识黄河、了解黄河、感知黄河，更好地传承弘扬黄河文化、提升发展质量，进而为中华民族的伟大复兴提供精神动力和智力支持，按照山东省委、省政府部署，山东省委宣传部策划、山东出版集团组织实施了《黄河大系》的编纂出版。

　　《黄河大系》为山东省习近平新时代中国特色社会主义思想研究中心重大项目，同时列入山东省社科规划重大委托项目。山东省委常委、宣传部部长白玉刚对项目高度重视，提出明确要求。山东省委宣传部分管日常工作的副部长袭艳春，山东省委宣传部副部长、一级巡视员魏长民对项目编写作出具体指导。《黄河大系》共十二卷二十册，由山东出版集团所属的七家出版社共同承担出版任务。分别是：

　　《图录卷》精选存世的汉代至1911年关于黄河的历史图画，提纲挈领地体现黄河文化的整体感和黄河文明的立体性，画龙点睛，展示黄河文化的博大精深与兴衰起伏。（齐鲁书社，1册）

　　《文物卷》分为陶器、玉器、青铜器三册，以历史时期的黄河流域为时空依据，以物说文，精彩阐释黄河作为中华民族母亲河的文化象征意义和厚重典雅的文明积淀。（齐鲁书社，3册）

　　《古城卷》选择黄河现在流经的主要古城，解说以这些古城为代表的中华优秀传统文化和重要历史遗产，为触摸黄河文明提供实体参照和文化坐标。（山东画报出版社，1册）

《诗词卷》收录中华人民共和国成立前吟咏黄河及其相关重要人文遗迹、重大事件、历史人物、风物民俗的诗词，以古典诗体作品为主。（山东文艺出版社，3册）

《书法卷》以时间为坐标，以书法艺术为参照，梳理展示黄河文化的深厚源流和传承脉络，从文体风格到作品内容实现高度融合。（山东美术出版社，2册）

《绘画卷》古代卷体现黄河文脉孕育的数千年文化精神成果，现当代卷体现黄河精神的发扬创新和时代风貌，用丹青成果再现黄河文化的灿烂辉煌。（山东美术出版社，2册）

《戏曲卷》梳理沿黄河九省（区）戏曲脉络，详述代表性剧种的源流变迁、著名演员、代表剧目及本省（区）戏曲界重大事件等。（山东人民出版社，2册）

《民乐卷》主要展示黄河流域的民间歌咏、器乐、曲艺，精选二十七个国家级"非遗"品类，阐述其文化根源、艺术特点和历史沿革。（山东友谊出版社，1册）

《民艺卷》主要收录黄河流域国家级"非遗"项目中的传统美术类、传统技艺类代表性项目，挖掘、展示黄河文化孕育的传统手工艺的文化内涵与美学价值。（山东友谊出版社，1册）

《民俗卷》重点展现沿黄河九省（区）国家级"非遗"项目中的民俗类代表性项目，阐发黄河流域民俗诞生、发展与黄河的血脉之情。（山东友谊出版社，1册）

《水利卷》详细介绍自古以来黄河水利发展历史，系统展示中华民族探索黄河、认识黄河、开发利用黄河水利的历史，以及黄河流域生态保护和发展的思想史。（齐鲁书社，2册）

《生态卷》重点介绍黄河流域生态特点、生态治理与可持续发展等内容，并对流域生态治理与高质量发展提出建议与对策。（山东科学技术出版社，1册）

这十二卷图书内容各有侧重、自成体系、交相辉映、相辅相成，力求展示黄河文化多元立体的生动厚重形象。

尽管我们怀着美好的初衷，做了不少努力，但是不足之处在所难免，诚恳希望读者和各界朋友批评指正。

山东出版集团

2024年3月